Gloy

Reflexionen über das Böse

Karen Gloy

Reflexionen über das Böse

Königshausen & Neumann

Bibliografische Information der Deutschen Nationalbibliothek

Die Deutsche Nationalbibliothek verzeichnet diese Publikation in der Deutschen Nationalbibliografie; detaillierte bibliografische Daten sind im Internet über http://dnb.d-nb.de abrufbar.

Gedruckt auf säurefreiem, alterungsbeständigem Papier
Umschlag: skh-softics / coverart

Printed in Germany

ISBN 978-3-8260-8921-3
eISBN 978-3-8260-8922-0

www.koenigshausen-neumann.de
www.ebook.de
www.buchhandel.de
www.buchkatalog.de

Inhalt

Einleitung: Absolutheit oder Relativität von Gut und Böse

Die Frage nach Gut und Böse beschäftigt die Menschheit seit Urzeiten. Sie tritt bereits im *Alten Testament* auf, das vermutlich zwischen dem neunten und sechsten Jahrhundert vor Christus niedergeschrieben wurde. Die Frage betrifft hier die Verführung von Adam und Eva durch die Schlange, vom Baum der Erkenntnis zu essen und damit zu wissen, was Gut und Böse ist wie Gott. Aufgrund dieses Vergehens werden Adam und Eva von Gott aus dem Paradies vertrieben mit dem Argument, dass sie nicht auch noch vom Baum des Lebens essen und damit wie Gott selbst das ewige Leben erwürben.

Angelegt, wenn auch nicht explizit ausgesprochen, ist hierin die Ambivalenz der Schöpfung durch Gott, zu der Menschen wie Adam und Eva gehören ebenso wie die Tiere, die Schlange. Die Schöpfung ist nicht durchgängig gut, so dass dem Menschen die Entscheidung für Gut und Böse anheimfällt. Theologen, Psychologen und Soziologen, neuerdings auch Neurophysiologen, Ethologen und Ethnologen beschäftigen sich seither mit dem Problem, das auf die Alternative hinausläuft, ob der Mensch in seinen Entscheidungen für Gut oder Böse absolut frei ist oder von Beginn an determiniert, sei es durch Gene, Hormone, Umwelt, Gesellschaft, Erziehung u.ä. Ethiker meist christlicher Provenienz plädieren für die Freiheit des Willens, während Neurophysiologen vorsichtiger argumentieren und angesichts von Serientätern wie Sexualmördern eine nicht behebbare Veranlagung durch Gene konstatieren und Soziologen eine mittlere Position einschlagen, indem sie von bestimmten Anlagen ausgehen und damit von einer gewissen Prägung, jedoch eine Beeinflussung durch die Umwelt nicht ausschließen.

Während diese Diskussion voll im Gange ist und immer neue Argumente für oder wider die eine oder andere These geliefert werden, wird die Frage nach den kulturellen Differenzen von Gut und Böse weitgehend ausgeblendet oder vernachlässigt mit Ausnahme von einigen Ethnologen,[1] die darauf hinweisen, dass das, was in einer Kultur für gut gilt, nicht notwendig auch in der anderen für gut befunden wird, und ebenso das, was in einer Kultur für böse gehalten wird, dies in einer anderer nicht sein muss. Die Beachtung dieses Problems ist jedoch entscheidend für die Definition von Gut und Böse und damit letzten Endes für die Absolutheit oder Relativität dieser Begriffe.

1 Franz Boas, Ruth Benedict, Margaret Mead, Bronislaw Malinowsky, Edward Sapir, Clifford Geertz.

Da wir gewohnt sind, in unserer 2000 Jahre währenden Tradition unter der Dominanz des christlichen Wertesystems zu urteilen, ja, dieses für absolut halten, würde der Standpunkt von einer anderen Kultur, die diesem System nicht folgte, einen gänzlich anderen Blick auf unser System und damit auch auf Gut und Böse freisetzen. Dabei ist zu bedenken, dass kein Wertesystem vom Himmel gefallen ist und auch von keinem Gott diktiert wurde, auch wenn der Glaube dies lehrt, um die Allgemeinverbindlichkeit zu garantieren, sondern begründet wird durch das Überleben eines Volkes bzw. einer Kultur unter deren spezifischen Bedingungen.

Auch der Versuch, das Böse als Schaden zu definieren, den man einem anderen zufügt, ohne Reue zu empfinden und Gewissensbisse zu haben,[2] setzt bereits den christlichen Horizont voraus, da Gewissen eine spezifisch christliche Instanz ist, die anderen Völkern und Kulturen abgeht, die nur Scham kennen, nicht aber Gewissen und Gewissensbisse. Scham ist etwas gänzlich anderes als Gewissen. Sie äußert sich im Niedersenken des Blickes, um sich vor den anderen – der Öffentlichkeit – zu verbergen, wie Bronislaw Malinowski in seinem Buch *Das Geschlechtsleben der Wilden in Nordwest-Melanesien*[3] eindrücklich anhand des Verhaltens bei südpazifischen Stämmen auf der Trobriand-Insel gezeigt hat. Dort hatte ein junges Pärchen Inzest betrieben. Solange dies zwar der Umgebung unter dem ‚Deckmantel der Verschwiegenheit' bekannt war, nicht jedoch öffentlich, ging alles seinen gewohnten Gang. In dem Augenblick jedoch, in dem der ehemalige Bräutigam des Mädchens die Sache publik machte und damit der andere Mann sein Gesicht und Ansehen verlor, blieb diesem nichts anderes übrig, als sich von einer Palme in den Tod zu stürzen, um seine Ehre zu retten.[4]

Da wir in einem bestimmten kulturellen Umfeld leben schon aufgrund der Sprache, die wir seit der Kindheit sprechen,[5] und der ethischen Erziehung, die wir seitdem genießen, sowie aufgrund des Mainstreams, dem wir gemäß menschlichem Schwarmverhalten unreflektiert folgen und insofern im christlichen Denk- und Sprachkäfig gefangen sind – heute spricht man von *filter bubbles* –, können wir nicht anders, als dieses traditionelle System zugrundezulegen und als Ausgangspunkt zu benutzen, auch wenn wir

2 Dies ist die Grundthese von Jean-Claude Wolf: *Das Böse,* Berlin 2011.

3 Bronislaw Malinowski: *Das Geschlechtsleben der Wilden in Nordwest-Melanesien* (Titel der Originalausgabe: *The Sexual Life of Savages in North-Western Melanesia*. An Ethnographic Account of Courtship, Marriage and Family Life among the Natives of the Trobriand Islands, British New Guinea, New York) aus dem Englischen von Eva Schumann, hrsg. von Fritz Kramer, 3., unveränderte Aufl. Frankfurt a. M. 2005, S. 428 ff.

4 Der Grund für das Inzestverbot ist die Erfahrung von Erbschäden durch zu enge verwandtschaftliche Beziehungen, die besonders bei dem dichten Zusammenleben indigener Stämme häufig auftreten, wie auch in Papua-Neuguinea. Dort gibt es viele Albinos mit heller Hautfarbe, Rötung und geistiger Zurückgebliebenheit (Demenz).

5 Das gilt auch für Bi- und Trilinguisten, die eine Sprache präferieren.

es überschreiten und uns in andere Kulturen hineinzuversetzen versuchen, dies nicht nur intellektuell und rational, sondern emotional, so dass wir die Motive der anderen Kultur nachvollziehen können. Ich möchte in dieser Studie ganz entschieden auf die Standpunkthaftigkeit und Relativität von Gut und Böse aufmerksam machen und ‚eingefleischte' Denkschemata aufweichen, auch wenn der faktische systemische Ausgang der der abendländischen Kultur und Ethik bleibt.

Bevor wir eine mögliche Definition von Gut und Böse versuchen, sind Beispiele anzuführen, die uns die Ambivalenz und Relativität von Wertesystemen näherbringen. Das gilt auch für das christliche Wertesystem.

Innerhalb der zehn Gebote der christlichen Ethik gelten das Tötungs-, das Lügen- und das Diebstahlsdelikt als besonders gravierend, da sie für die Gesellschaft destabilisierend sind und das Vertrauen der menschlichen Gemeinschaft untergraben.

Mit dem Verbot des Tötens ist nicht die aus Zufall oder Versehen geschehene Tötung eines anderen Menschen gemeint, sondern die bewusste und absichtliche, die oft in Zusammenhang mit Raub (Raubmord) geschieht, ebenso aus Rache und Wut, aus Vergeltung, und somit aus Trieben und niederen Beweggründen verübt wird. Die Ächtung einer solchen Tat und damit die Gültigkeit des Verbots innerhalb der Gemeinschaft ist verständlich, denn da Menschen gesellige und gesellschaftsfähige Wesen sind,[6] würde die Tötung innerhalb der Gemeinschaft diese selbst suspendieren.

Anders verhält es sich bereits gegenüber fremdartigen, anders orientierten politischen Gesellschaften und Glaubenssystemen. In den Kreuzzügen ist die Christenheit gegen Andersgläubige wie die Mohammedaner zu Felde gezogen mit massenhafter Tötung. Selbst innerhalb des christlichen Glaubens bekämpften und bekriegten sich verschiedene Glaubensrichtungen aufs schärfste wie der althergebrachte Katholizismus auf der einen Seite und der glaubenserneuernde rivalisierende Protestantismus auf der anderen wie im Dreißigjährigen Krieg oder später in Nordirland. Auch wenn Christus predigte, bei einem Streit nicht nur die eine, sondern auch die andere Wange hinzuhalten, ist dieses Gebot nie eingehalten worden, weil es allzu sehr der Lebensrealität widerspricht. Ganz im Gegenteil hat man aus Machtgelüsten und der Durchsetzung seines eigenen Systems lieber Tausende von Toten in Kauf genommen denn Leben zu schonen wie bei der Bekehrung der Inkas und Azteken in Mittel- und Südamerika. In jeder Ethik, auch der christlichen, geht es um Selbsterhalt.

Mit dem Lügenverbot ist ebenfalls nicht das ‚Flunkern' oder der spaßhafte Schabernack gemeint, sondern die schwerwiegende Lüge, das Falschzeugnis vor Gericht, so dass das Verbot oft schon der Formulierung nach

6 Aristoteles sprach vom Menschen als ζῷον πολιτικόν.

als Falschzeugnisverbot definiert wurde. „Du sollst nicht falsch gegen deinen Nächsten aussagen" (*Exodus* 20,16).[7] Ein Vergleich mit der ebenfalls aus dem gleichen nahöstlichen Kultur- und Zeitraum stammenden Gesetzestafel des Hammurabi I. macht deutlich, dass vor allem Meineid, schwerwiegende Lüge, gemeint ist. Nur wenn jemand einen anderen unberechtigt vor Gericht zerrt und ihn des Mordes beschuldigt, liegt ein schwerwiegender Fall vor und eine Unterminierung des gesellschaftlichen Zusammenhalts.

Kleine Lügen im Alltag wie Höflichkeits- und gegebenenfalls Notlügen, so wenn sich jemand wegen Verspätung entschuldigt „Ich bin im Verkehr stecken geblieben" oder bei Anfrage und Ermahnung eines Antwortschreibens erwidert „Ich war gerade im Begriff, einen Brief zu schreiben und denselben in den Briefkasten zu stecken", kommen täglich vor und halten das, was wir ‚gesellschaftliches Zeremoniell' nennen, den guten, reibungslosen Verkehr zwischen Menschen geradezu aufrecht. Aldert Vrij von der Portsmouth University will sogar statistisch herausgefunden haben, dass jeder von uns zumindest zweimal am Tag lügt, ohne sich das Geringste dabei zu denken, geschweige denn Gewissensbisse zu empfinden. Es handelt sich sogar um gesellschaftskonstituierende Lügen, die verhindern, dass sich der andere benachteiligt, herabgesetzt oder vernachlässigt fühlt. Würde jemand ein wohlmeinendes, mit viel Liebe ausgesuchtes Geschenk brüsk zurückweisen mit der Bemerkung, dass er es gleich am nächsten Tag im Geschäft umtauschen würde, so wäre dies eine schroffe Beleidigung und Herabsetzung des Schenkenden.[8] Allerneueste Untersuchungen behaupten sogar, dass Erwachsene, wenn sie erstmals zusammentreffen, dreimal in den ersten drei Minuten ‚lügen', um von sich ein positives Bild zu zeichnen, um Vertrauen aufzubauen, das für Gemeinschaften unerlässlich ist.

Die Diplomatie kann sogar als eine eigene Welt der bewussten und gewollten Lüge und Unehrlichkeit, der Umgehung und Verbergung von Wahrheiten, der Schönfärberei und Vortäuschung aufgefasst werden, um im politischen Alltag und internationalen Verkehr zwischen unterschiedlichen Staaten für eine gute, angenehme Stimmung zu sorgen, die freundschaftliche Beziehungen überhaupt erst ermöglicht, aufkommende Differenzen minimiert und Kriege verhindert. Sie nimmt auf menschliche Schwächen wie Eitelkeit, Ehrsucht, Prestige und Dünkel Rücksicht, und dies in guter, schätzenswerter, honoriger Absicht.

7 Zitiert wird in dieser Arbeit nach der *Luther*-Bibel.

8 Dass man auf Höflichkeits-, sogar Notlügen prinzipiell verzichten kann, zeigt ihr moderner Umgang gegenüber dem traditionellen. War es früher üblich, häufig aus Gründen der Menschlichkeit, des Mitleids und Erbarmens eine lebensbedrohliche medizinische Diagnose zu verschweigen, bis der Betroffene seine Situation selbst erkannte, ist es üblich geworden, dem als aufgeklärt unterstellten Menschen niederschmetternde Wahrheiten oft brüsk entgegenzuschleudern. Der verständnisvolle Arzt wird gleichwohl nach wie vor schonend dem anderen eine schlechte Nachricht überbringen.

Man kann noch weiter gehen und darauf verweisen, dass ein Großteil nicht nur der Gesellschaft und Kultur, sondern auch der Natur auf Lügen basiert, nämlich auf Mimikry. Mimikry ist bewusste oder unbewusste Verstellung aus Gründen des Überlebens. Bei Forschungen im Amazonas-Regenwald stellte der britische Entomologe Henry Walter Bates bei der Sichtung und Sortierung von Schmetterlingsarten fest, dass eine bestimmte prächtige Art, die eigentlich zu den unscheinbaren Weißlingen (*Pieridae*) gehört, Gestalt und Aussehen der farbenprächtigen Edelfalter (*Nymphalidae)* abgenommen hatte, diese also imitierte. Da der Grund hierfür weder in der Verwandtschaft noch in der Lebensweise der Tiere lag, stellte er fest, dass die Weißlingsart die Edelfalterart nur deswegen imitierte, um Fressfeinden zu entgehen, da die prächtigen Edelfalter giftig waren und von den Vögeln gemieden wurden, die Weißlingsart aber ungiftig war und daher den Vögeln oft zum Raub fiel. Imitation, die Verbergung der Wahrheit, die wir gewöhnlich negativ konnotieren, hat hier eine positive Schutzfunktion.[9]

Unter diesem Aspekt basiert ein Großteil der Natur auf Mimikry. Die Tiere der Arktis und Antarktis tragen weiße Schutzfarbe, wie der Schneehase, das Schneehuhn, der Schneefalke, der Schneefuchs; die Tiere der gemäßigten Zone weisen meist graue und braune Farbe auf, wie der erdfarbene Igel, die graue Feldmaus, der braune Biber und Bär usw. Und die Tiere des Urwaldes zeichnen sich vielfach durch grün aus, wie Frösche, Raupen, Insekten, Schlangen usw. Optimal angepasst an Steinwüsten sind darin brütende Vögel, die gescheckt ockerfarbige, gelbe, orangene, schwarze und weiße Tarnfarbe tragen.

Im menschlichen Bereich gilt das unreflektierte Mitlaufen und Schwarmverhalten in der Masse – auch Schwarmintelligenz genannt – als Mimikry. Obwohl wir es oft verächtlich ablehnen, praktizieren wir es dennoch permanent. Hier hat das Prinzip des Überlebens Pate gestanden, insofern die Masse und nicht der Einzelne gegen die Masse die besten Überlebenschancen hat. Mimikry ist ein Erfolgsprogramm der Evolution[10] und damit in gewisser Hinsicht als positiv und gut zu bewerten..

„Du sollst nicht stehlen“ ist ein anderer elementarer Grundsatz der christlichen Moral. Der Schutz des Privateigentums, das man sich lebenslang hart erarbeitet hat und mit dem man auch im Falle einer Erbschaft, z.B. bei großen Familienunternehmen, wegen des Risikos des Verlustes pfleglich und sorgsam umgeht, kann als ein hohes Gut im Staat betrachtet werden, das nicht nur Selbständigkeit und Unabhängigkeit, sondern Wohlstand und Reichtum, ebenso Erweiterungsmöglichkeiten begründet und damit Überlebenschancen garantiert.

9 Vgl. Karen Gloy: *Wahrheit und Lüge*, Würzburg 2019, S. 59 ff.

10 Vgl. a.a.O., S. 67 ff.

Aber auch sein Gegenteil ist gesellschaftskonstituierend. In vielen Gesellschaften herrscht Kollektiveigentum und Staatsvermögen, wie es schon Platon in der *Politeia* durchdiskutiert hat und in sozialistisch-marxistischen Staaten realisiert wurde, ebenso in der frühchristlichen Urgemeinde. Selbst in der gegenwärtigen friedfertigen samoanischen Gesellschaft, die nach unseren Vorstellungen arm ist – jeder besitzt nicht mehr als seine Hütte, seine Schlafmatte und Geschirr –, nimmt man sich, was immer man braucht, z.B. bei einem Fest das Gestühl der Kirche, ohne die geringsten Skrupel zu haben, da es sich nur um eine kontingente Umverteilung handelt.

Problematischer wird es angesichts der Mafiagesellschaft, die aus unserer Sicht eine kriminelle Organisation bildet. Auch sie basiert auf Gesetzen und deren strikter Einhaltung, also auf dem, was man Recht und Ordnung zu nennen pflegt, nur dass diese nicht unserer gewöhnlichen Vorstellung entsprechen. Technisch funktioniert sie nach denselben Gesetzen wie die rechtschaffene Gesellschaft, nur amoralisch, d.h. sie unterscheidet sich in ihrer praktischen Funktionalität absolut nicht von der gewöhnlichen, ehrbaren Gesellschaft, dem Rechtssystem, während die normale Gesellschaft inzwischen oft Züge einer Mafiagesellschaft angenommen hat und von dieser kaum noch zu unterscheiden ist, nur dass sie den Schein der Rechtmäßigkeit aufrechterhält. Beide Gesellschaften – rechtschaffene und kriminelle – sind überlebensfähig, so dass das Kriterium der Lebenschance für beide gilt. Wie sehr die mafiöse Gesellschaft ein Staat im Staate ist, ließ sich nicht nur an der Drogenmafia des Medellin-Kartells in Kolumbien demonstrieren oder in Mexiko, heute auf Haiti, sondern auch in den Häfen von Amsterdam und Hamburg.

In diesem Kontext legt sich eine Auseinandersetzung mit der Analyse von Thomas Hausmanninger[11] zu dem US-amerikanischen Film *Miller's Crossing* von Joel und Ethan Coen aus dem Jahre 1990 nahe. In diesem Film beschwert sich ein Gangster, ein Angehöriger einer Mafiabande, namens Casper, in seinen betrügerischen Wettgeschäften von einem Buchmacher selbst betrogen worden zu sein. Der Gangster, selbst Betrüger, berichtet also von einem Geschäft, bei dem er selbst Opfer eines Betruges wurde, in dem ihm eine Rechtsverletzung zugefügt wurde. Dies geschieht nach Meinung des Interpreten unter der Voraussetzung, dass Filmpublikum und Betrogener von vornherein um die Brüchigkeit der Betrügerbande wissen aufgrund eines Hintergrundwissens, das aus der Perspektive der ehrbaren, rechtschaffenen Gesellschaft resultiert. Aus eben dieser Sicht will auch Casper von seinem Kumpanen nach Recht und Ordnung behandelt werden, wohl wissend, dass

11 Thomas Hausmanninger: *Eine Einführung in die Grundbegriffe Moralität, Moral/Ethos, Sittlichkeit und Ethik*. Online Bibliothek: Ethikbegründung – Was ist Ethik?, https://www.uni-augsburg.de/de/fakultaet/kthf/lehrstuhle-professuren/sozialethik/quicklinks-online-bibliothek/ethikbegrundung/

er selbst einer Betrügergesellschaft angehört. Thomas Hausmanninger zieht daraus den Schluss, dass im amoralischen System von Beginn an ein performativer Widerspruch und damit eine Inkonsequenz vorliegt, dergestalt dass diese Gesellschaft zwar Recht und Ordnung der ehrbaren Gesellschaft für sich reklamiert, aber Unrecht tut im Sinne der korrupten.

M.E. lässt sich dieser Interpretation eine andere konfrontieren. Auch die Mafiagesellschaft handelt in ihrem Verständnis gesetzmäßig nach Recht und Ordnung und achtet auf deren strikte Einhaltung, denn sie funktioniert technisch genau wie die andere und sieht in der Verletzung ihrer Gesetze einen Rechtsbruch, der auch den Anlass zu Caspers Beschwerde gibt. Die grundsätzliche moralische oder amoralische Orientierung, unter der die rechtschaffene wie die korrupte Gesellschaft stehen, müssen in beiden Fällen *von außen* kommen, da sie intern nicht erklärt werden können. Da beide Gesellschaften in sich konsistent und kohärent sind und nur aus der Sicht der jeweils anderen verwerflich, müssen intern funktionale Normativität und extern moralische Normativität unterschieden werden.

Hier stehen sich zwei unterschiedliche Interpretationen gegenüber, die von Hausmanninger, die in der rechtschaffenen Gesellschaft das Vorbild sieht, dieses für absolut hält und so den internen Widerspruch der korrupten Gesellschaft aufdeckt, und die letztere Interpretation, die beide Gesellschaften für technisch funktionsfähig hält, wiewohl total verschiedenen normativen Prinzipien folgend. Wir stehen hier vor der Frage, ob eine bestimmte Gesellschaft für sich das Recht auf Absolutheit ihrer Norm in Anspruch nehmen und zum alleinigen Maßstab erheben kann und darf oder ob Relativität und subjektive Entscheidung herrscht.

Das Fehlen objektiver Kriterien macht die Entscheidung so schwierig, was als Moral und was als Amoralität zu gelten hat. Nur der Glaube (oder Aberglaube), die tiefe Überzeugung, dass das eigene System das richtige und ethisch gute sei, das andere das schlechte, böse, berechtigt nicht zu einer Entscheidung. Dies genauer zu explizieren, wird das Thema der vorliegenden Arbeit sein.[12]

Vor diesem Hintergrund behandelt die vorliegende Arbeit die Relativität von Gut und Böse und versucht deren Gesellschaftsgebundenheit aufzuzeigen. Dabei geht sie einer Reihe von Fragen nach wie dem Versuch einer Definition von Gut und Böse, der Art und Weise ihrer Beziehung, den Ursachen des Bösen wie Gene und Umwelt sowie den Konsequenzen aus diesem Dilemma einschließlich der prinzipiellen Frage nach der Absolutheit oder Relativität der Ethik und schließlich nach der Wirkung des ästhetisch Hässlichen auf das ethisch Böse.

12 Das korrelative Problem in Bezug auf Wahrheit und Lüge habe ich abgehandelt in dem Buch: Karen Gloy: *Wahrheit und Lüge*, a.a.O.

1. Kapitel: Versuch einer Definition von Gut und Böse

Will man eine wissenschaftliche Arbeit über das Böse oder zusammen mit seinem Gegensatz, dem Guten, schreiben, so wird man sich zunächst um eine Definition dieser Begriffe bemühen müssen und, falls dies angesichts der exzessiven Weite dieser Begriffe nicht gelingt, eine zumindest vage Abgrenzung von ähnlichen bis andersartigen Begriffen vorzunehmen versuchen sowie eine interne Gliederung der markierten Internsphären. Der Blick auf Lexika, Nachschlagewerke, Magazine und philosophische Studien[13] nützt wenig, da außer einer Unzahl konkreter Fälle meist aus dem Bereich des Sinnlich-Trieblichen und Emotionalen wie Missgunst, Neid, Hass, Wut, Rache, Vergeltung und der schon allgemeineren Bestimmungen wie Krankheit, Unfall, Tod, Krieg, Leid, Zerstörung, Verfall, Korruptibilität und als allgemeinste Paraphrasen: Übel, Schlechtigkeit, Sündhaftigkeit, Negativität für das Böse genannt werden, auf der anderen Seite für das Gute eine Vielzahl konkreter guter Handlungen wie Nächstenliebe, Hilfsbereitschaft, Aufopferung usw. oder als Wesensbestimmungen des Guten Nützlichkeit, Tüchtigkeit, Tauglichkeit, Verlässlichkeit, Ehrbarkeit, Wertvolles usw., die zwar teilweise Ersetzungen sind, aber genauso unbestimmt bleiben. Hinzukommt, dass in Analogie zum platonischen Kalokagathia-Begriff, dem Guten, Schönen und Wahren mit seinen Aspekten des Ethischen, Ästhetischen und Epistemischen, auch das Böse aspektiert und sektoriert werden kann in das ethisch Böse, das ästhetisch Hässliche und das erkenntnistheoretisch Unwahre. Darüber hinaus ist der geschichtliche Horizont und Wandel der Begriffe mit zu bedenken. Gut und Böse gehören mit zu den generellsten Begriffen überhaupt und sind daher schwer oder nur paraphrasierend einzukreisen.

Wir wollen dort, wo spezielle Bereiche gemeint sind wie der ethische, ästhetische oder erkenntnistheoretische, die Spezialbegriffe Bosheit (das Böse), Hässlichkeit, Unwahrheit verwenden, wo jedoch umfassendere, komplexere Gebiete anvisiert werden und eigentlich neutralere Begriffe wie Posi-

13 Vgl. Rudolf Eisler: *Wörterbuch der philosophischen Grundbegriffe,* Bd. 1, Berlin 1904, S. 157-159; *Meyers Großes Koservationslexikon,* Bd. 3, Leipzig 1905 (Böse Geister), S. 252; Johannes Hoffmeister: *Wörterbuch der Philosophie,* 2. Aufl. Hamburg, 1955, S. 139 f.; Heinrich Schmitt: *Philosophisches Wörterbuch,* 16. Aufl. durchgesehen, ergänzt und hrsg. von Georg Schischkopff, Stuttgart 1961, S. 66; Peter Koslowski: *Das Böse*: in: *Brockhaus Enzyklopädie in 30 Bden.*, 21. völlig neu bearbeitete Aufl. Leipzig 2005, S. 467-469; Johann Christoph Adelung: *Grammatisch-kritisches Wörterbuch der hochdeutschen Mundart,* mit beständiger Vergleichung der übrigen Mundarten, besonders aber der Oberdeutschen, Erster Theil, von A-E, Wien 1811, Sp. 1132-1134, https://lexika.digitale-sammlungen.de/adelung/lemma/bsb00009131_4_3_3597; *Digitales Wörterbuch der Deutschen Sprache,* https://www.dwds.de/wb/böse; *Historisches Wörterbuch der Philosophie,* hrsg. von Joachim Ritter, Bd. 1, Basel 1971, Sp. 953 f.

tiv- und Negativbezeichnungen qualifiziert wären, die Begriffe gut und böse beibehalten, da sich diese eingebürgert haben.

Von der Etymologie her bedeutet ‚böse', althochdeutsch und altsächsisch *bōsi*, germanisch **bausja*, indogermanisch **bhou* = ‚aufblähen', ‚prahlen'.[14] Von seiner philosophischen Tradition her, die sich auf das lateinische *malum* bezieht, das ebenfalls einen weiteren Horizont hat als nur das Ethische, ist Objektives wie Subjektives inkludiert. Von seiner spezifisch christlichen Geschichte her, die auf den biblischen Sündenfall und den Verstoß gegen göttliche Gebote kapriziert ist, bezeichnen gut und böse die Qualität von Handlungen und Verhaltensweisen des Menschen, nicht von Ereignissen und Auftrittsweisen der Natur;[15] denn wie könnte die Natur als vorgegebene oder gottgeschaffene böse sein, eher schon gut. Angesichts der Pluralität und Diversität von Meinungen besteht Einigkeit eigentlich nur darin, dass gut und böse ethische Begriffe sind, womit sofort die Frage nach deren Begründung und Rechtfertigung auftritt. Diese könnte nur über den Rekurs auf eine göttliche Instanz geschehen, die allgemeine Verbindlichkeit garantiert und Übertretung bestraft. Schon bei einer Berufung auf eine bloß menschliche Konsenstheorie, die ihre Vorstellungen und Interpretationen des ethisch Bösen ständig wechselt und neu fixiert, entfiele die schlechthinnige Verbindlichkeit.

Allerdings gibt es theologisch nicht nur auf einen einzigen personalen Gott bezogene Religionen, sondern wie in Japan und bei indigenen Ethnien naturbezogene Religionen, in denen die Natur als göttlich verehrt und tabuisiert wird, so dass beispielsweise ein Tabu von Fischfang oder von Jagd auf Wild zu bestimmten Zeiten besteht, um die Regeneration des Nachwuchses zu sichern und damit die Lebensgrundlage der Völker zu garantieren.[16] Stets muss es eine absolute Instanz sein, die gute wie böse Handlungen und Verhaltensweisen festlegt, wenn Absolutheit und Universalität reklamiert wird.

Nicht auf Religion wie nach der alteuropäischen Tradition, sondern auf Vernunft und Rationalität hat in der Neuzeit im Zuge der Aufklärung (18. Jahrhundert) und auf der Suche nach neuen absoluten Begründungsinstanzen Immanuel Kant und der Rationalismus die absolute Verbindlichkeit begründet. Vernunft wurde hypostasiert, vergöttlicht und angebetet. Kants Präskriptum lautete: „Handle so, daß die Maxime deines Willens jederzeit zugleich als Prinzip einer allgemeinen Gesetzgebung gelten könne."[17] Vulgär ausgedrückt, bedeutet dies „wie du mir, so ich dir" oder „was ich nicht möchte, dass man mir antue, das werde ich auch keinem anderen antun".

14 Vgl. Friedrich Kluge: *Etymologisches Wörterbuch der deutschen Sprache*, 18. Aufl., bearbeitet von Walther Mitska, Berlin 1960, S. 93.

15 Mit Ausnahme der Schlange.

16 Siehe Verzicht auf Überfischung, Überweidung, zu große Abholzung usw.

17 Immanuel Kant: *Kritik der praktischen Vernunft*, 1. Teil, 1. Buch, 1. Hauptstück, § 7.

Das bedeutet, dass die Freiheit des Willens, zu tun oder zu lassen, gebunden ist an das allgemeine Vernunftgesetz, das für alle gelten soll und schlechthin verbindlich ist, da es das Wohl der Gemeinschaft begründet und schützt.

Hierauf berufen sich z.B. auch die ‚allgemeinen Menschenrechte', deren Vertreter diese für schlechthin allgemein und kulturübergreifend erachten. Tatsächlich sind sie jedoch ein Geistesprodukt einer bestimmten historischen Epoche, des Zeitalters der Aufklärung, und eines bestimmten Kulturraumes, des Westens, zum anderen haben sie eine historische Entwicklung durchgemacht von anfangs rein politischen, sogenannten negativen Freiheitsrechten wie Gedanken-, Meinungs-, Gewissens- und Religionsfreiheit zu sogenannten positiven Rechten wie der Unversehrbarkeit der Person, der Bewegungs- und Handlungsfreiheit, des Rechts auf Eigentum und Besitz, welche noch erweitert wurden durch Leistungs- und positive Teilhaberechte sozialökonomischer und kultureller Art, neuerdings durch die Forderung der ärmeren südlichen Staaten gegenüber den reicheren nördlichen auf Unterstützung ihrer Entwicklung.[18]

Ihnen gegenüber stehen die islamischen Kairoer Menschenrechte, die ebenfalls Anspruch auf Globalität erheben. Allerdings zeigt sich bereits hierin die Nicht-Universalität solcher Ansprüche.

Eine weitere allgemeine Gesetzmäßigkeit, und zwar in Bezug auf das Leben, hat Charles Darwin mit seiner Formel *survival of the fittest* aufgestellt. Das bedeutet nicht eo ipso, dass der Größte, Stärkste und Kräftigste sich im evolutionären Prozess durchhält, sondern gegebenenfalls auch der Kleinste, wenngleich Angepassteste. Die Riesenexemplare der Vergangenheit im Mesozoikum, die Dinosaurier, Ichthyosaurier, Mammutbäume und Riesenpalmen haben sich nicht erhalten und durchsetzen können, erhalten haben sich vielmehr unscheinbare, wenig differenzierte Mikroorganismen und Kleinstlebewesen.

Richard Dawkins[19] hat mit seinem Buch *Das egoistische Gen* in der wissenschaftlichen Welt Furore gemacht, wenn er behauptet, dass der evolutionäre Prozess gesteuert werde vom egoistischen Gen als dem bestangepassten und brauchbarsten, da es die größten Überlebenschancen biete und sich gegenüber den anderen durchsetze. Es speichere die optimalen ebenso wie die fehlgeschlagenen Informationen und entwickle Strategien für Körper und Organe, die es trägt. Zugespitzter und übertriebener Weise hat man das egoistische Gen auch den ‚Motor des Seins' genannt. Obgleich Egoismus im Unterschied zu Altruismus mit dem Wert der Unsittlichkeit gegenüber der Sitt-

18 Vgl. Karen Gloy: *Die Frage nach der Gerechtigkeit,* Paderborn 2017 (UTB), S. 32 ff.

19 Richard Dawkins: *Das egoistische Gen*, Berlin 1978.

lichkeit des letzteren belegt ist, muss auch in der Durchsetzung des Fittesten, des Ich-Betonten, ein positives Kriterium liegen.[20]

Die Natur und der Naturprozess sollten prinzipiell ferngehalten werden von jeder ethischen, positiven oder negativen Interpretation, da dies einem naturalistischen Fehlschluss entspräche. Dieser unterstellt, dass die Natur selbst als Handlungs- und Entscheidungsträger auftritt, was nur bei mythologischer Interpretation der Fall ist, bei der subjektive Aktivitäten auf die objektive Natur übertragen werden. An sich ist die Natur und ihr Fortgang neutral und nicht als bewusste, ethisch gute oder böse Handlung zu interpretieren. Eine moralische Haltung zu unterstellen, wäre fehl am Platze. Wenn im Laufe des evolutionären Prozesses Mutationen auftreten, so setzen sich einige von diesen durch, andere nicht. Wie immer diese Mutationen für uns aussehen mögen und von uns beurteilt werden, ob als schöne, anmutige Gestalten oder Missbildungen, Unförmigkeiten, Missgeschöpfe, Mangelwesen, sollten diese sich durchsetzen, so sind sie die Sieger im Prozess.[21] Der Raubfisch, der alles verschlingt, was ihm begegnet, der Löwe, der blutrünstig seine Beute zerreißt, entspricht gewiss nicht unserem ethischen Ideal, ebenso wenig wie der Maulwurf oder die Wühlmaus unseren Schönheitsvorstellungen entsprechen. Trotz der Hässlichkeit mit ihrem abgestumpften Maul, ihren bekrallten Füßen und der Unförmigkeit des Körperbaus sind sie die Bestangepassten an unterirdische Höhlen und Gänge. Eine moralische und ästhetische Bewertung der Natur sollte daher prinzipiell vermieden werden. Und doch ist es Sprachusus, im übertragenen Sinne von bösen oder guten Genen zu sprechen,[22] die bestimmte moralische Anlagen und Charaktere des Menschen begründen, sowie von hässlichen und schönen Naturobjekten, die sich ästhetisch präsentieren. Wir unterstellen in diesem Fall die Natur als handelndes Subjekt, das sich aufgrund seiner Informationen für diese oder jene ethische oder ästhetische Kategorie entschieden hat, obwohl es sich hier im Grunde um die Transformation unserer bewussten menschlichen Einstellungen und Interpretationen in die Natur handelt.

Zu bedenken ist auch, dass die genetische Evolution die Erbinformationen über den Mechanismus der Fortpflanzung weitergibt, während die kulturelle Evolution im Wesentlichen auf der mündlichen und schriftlichen Überlieferung von Erfahrungen beruht, die im menschlichen Gehirn gespei-

20 Vgl. dazu später die Doppeldeutigkeit von Aggression, S. 40 ff. dieser Arbeit.

21 Wir stellen gegenwärtig eine massive Veränderung des menschlichen Körpers fest, die zurückgeht auf den exorbitanten Verzehr von Süßigkeiten, Fleisch und Alkohol. Sollten sich Adipositas, Aufgeschwemmtheit, popcornartige Körper wie besonders in den USA allseits und über Generationen durchsetzen und als alleinige noch konstatiertbar sein, so würden diese Gestalten möglicherweise von uns als schön eingestuft werden, da man sich daran gewöhnt hätte.

22 Vgl. später S. 53 ff. dieser Arbeit.

chert, verarbeitet und modifiziert werden und daher eine schnellere und flexiblere Anpassung ermöglichen.

In den vierziger Jahren des letzten Jahrhunderts hat sich in den USA ein evolutionstheoretisch orientierter Sozialbiologismus bzw. eine Soziobiologie[23] entwickelt, die die These vertritt, dass der Naturprozess dem Kulturprozess des Menschen mit seiner Ethik von Gut und Böse vorangehe und zugrunde liege, so dass letzterer auf dem ersteren aufbaut und ihn fortsetzt. Humanität sei keine Erfindung der menschlichen Kultur und auch nicht vom Himmel gefallen, sondern zumindest in ihren Grundzügen eine Notwendigkeit des natürlichen Lebens und Überlebens und damit schon auf der frühesten Stufe der Evolution des Menschen etabliert. Das sittliche Normensystem sei als Gruppennorm einer Gesellschaft im vormenschlichen Rudel entwickelt und vorgeprägt.[24] Das Verhalten des Menschen wäre demnach determiniert, die Grundlagen unserer Welt und unserer Gesellschaft im biologischen Evolutionsprozess angelegt und präfiguriert. Mit der Entstehung von Bewusstsein und Selbstbewusstsein als Voraussetzung der Kultur wäre auch die Ethik mit ihren Werten von Gut und Böse ins Spiel gekommen, die folglich nichts anderes als Explikationen vorausgehender biologischer Anlagen seien.

Wird der biologische Aspekt übertrieben und die Determiniertheit der Gene nicht mit kontingenten Umwelteinflüssen kombiniert, sondern die Entwicklung der menschlichen Kultur ausschließlich als Resultat bestimmt gesteuerter biologischer Anlagen betrachtet, dann gerät die These in Erklärungsschwierigkeiten. Zum einen läge eine Konfundierung der deskriptiven Ebene, was den Naturprozess betrifft, mit der normativen, was die Ethik betrifft, vor, zum anderen ließe sich die Pluralität und Heterogenität der Gesellschaften allein aus bestimmten Genen und bestimmt gesteuerten physischen Prozessen nicht erklären, da diese zu langsam verlaufen gegenüber dem schnellen Wechsel der Erscheinungsweisen. Eine Vielheit von Gesellschaften mit unterschiedlichen, ja kontroversen Ethiken ist nicht zu bestreiten, auch wenn Ethiker immer wieder behaupten, dass das ethische Grundverhalten aller Völker gleich sei.

Ethiken unterscheiden sich nach Normativität und Deskriptivität. Normative Ethiken, die sich entweder als deontologische verstehen, d.h. als Pflichtenethiken, die einen Kanon von Pflichten vorschreiben, oder als konsequentialistische, die ausschließlich auf die Folgen von Handlungen achten,

23 Der Name stammt von Edward O. Wilson: *Sociobiology*. The New Synthesis, Cambridge (Mass.), London 1975; ders.: *For Sociobiology*, in: Arthur L. Caplan (Hrsg.): *The Sociobiology Debate*. Readings in Ethical and Scientific Issues Concerning Sociobiology, New York, Hagerstown, San Francisco, London 1978, S. 265-268.

24 Vgl. Franz M. Wuketits: *Gene, Kultur und Moral*. Soziologie – Pro und Contra, Darmstadt 1990, S. 44 ff. und 130 f.

oder als Tugendethiken, die auf gewissen inneren Überzeugungen basieren, das Wohl von Individuen und Gesellschaften zu verbessern, zu Glück und Zufriedenheit oder Gerechtigkeit beizutragen, bleiben allesamt subjektiv, da sich Normen, Tugenden, gute Handlungsfolgen objektiv nicht ausweisen lassen.

Deskriptive Ethiken beschränken sich demgegenüber auf die Konstatierung vorliegender empirischer Ethiken bei verschiedenen Völkern.

Wie verschieden, ja konträr diese sind, zeigen ethnologische Vergleiche, von denen ein besonders markanter vergegenwärtigt werden soll. Es ist der Umgang mit dem Tod. Während unsere Kultur bestrebt ist, alles, was im engeren oder weiteren Sinne mit ihm zusammenhängt, während des aktiven Lebens weit vor sich herzuschieben oder sogar zu ignorieren, bei Eintritt des Todes einer anderen Person, besonders eines nahe Verwandten, bei dem nicht länger weggeschaut werden kann, alle damit zusammenhängenden Vorgänge wie Bestattung und Amtsgeschäfte so schnell wie möglich zu erledigen, um zu vergessen – was insgesamt auf eine negative Einstellung und Bewertung des Todes deutet –,[25] verhält es sich bei anderen Völkern anders. Geht die christliche Auffassung vom Tod als einem Übel oder Bösen aus, dessen Überwindung durch Christus erfolgt ist und in der Wiederauferstehung der Toten zum Leben kulminiert, verhält es sich bei den Fore, einem Stamm aus Papua-Neuguinea, gänzlich anders.

Die Fore wurden bekannt durch die Kuru-Krankheit, bei der es sich um motorische Störungen handelt, was Gang und Stehfestigkeit betrifft, sowie um einen rhythmischen Tremor. Begleitet wird sie durch ein unnatürliches Lachen. Die Krankheit ist daher auch als Lachkrankheit bekannt. Da sie sich weder auf Umweltgifte noch auf eine Infektion zurückführen ließ, entdeckte man schließlich, dass sie auf einen Endokannibalismus zurückging, für dessen Entdeckung der Arzt D. C. Gajdusek sogar den Nobelpreis erhielt und der Fall weltbekannt wurde. Da Frauen und Kinder vorzüglich das Gehirn verspeisten, in dem sich die meisten Keime befinden, erkrankten sie zuerst nach einer kurzen Inkubationszeit, während die Männer, die vor allem das weniger verseuchte Muskelfleisch aßen, erst nach Jahrzehnten verstarben. Statt die Toten irgendwo draußen, außerhalb der menschlichen Gesellschaft zu begraben oder bei Weiterziehen einfach hinter sich zu lassen, verspeisten die Fore ihre Stammesangehörigen und Verwandten, um ihnen im Inneren ihres Körpers die sicherste und ehrenvollste Heimstätte zu bieten. Der Vorgang ist nur pervers aus unserer westlichen Sichtweise, sofern wir uns nicht

25 Im Alltag pflegen wir allein das Leben zu schätzen, indem wir jede Geburt begrüßen und bejubeln, einen Geburtsbaum aufstellen, um jedermann das neue Leben zu verkünden, Geburtstage feiern, während wir bei Tod trauern, ihn hassen und ihn durch Verlängerung des Lebens zu eliminieren trachten.

in andere Denk- und Sichtweisen hineinzuversetzen verstehen.[26] Hier handelt es sich um eine Art des rituellen Kannibalismus, die unter den Begriff des Pietätskannibalismus fällt und von Liebe und Respekt gegenüber den Angehörigen geprägt ist.[27]

Dass dieser Kannibalismus nicht nur bei den fernab im Regenwald lebenden ‚Primitiven' vorkommt und üblich ist, sondern seit Urzeiten auch bei anderen Völkern, beweist ein Bericht Herodots von Halikarnassos (484-420 v. Chr.). Herodot berichtet vom persischen König Dareios, der Griechen an seinen Hof berief und fragte, wie viel sie zu zahlen bereit wären, ihre Toten zu verspeisen anstatt sie zu begraben, worauf sie antworteten, dass kein Geld der Welt sie dazu bringen könne. Daraufhin berief Dareios Gesandte des indischen Stammes der Kallatier, die ihre Toten verzehren, und fragte sie, wie viel Geld sie bereit wären, ihre Verwandten im Tod zu verbrennen, woraufhin diese laut über den schrecklichen Akt aufschrien.[28]

Wie unterschiedlich moralisches Bewusstsein bei den verschiedenen Ethnien ausfällt, zeigt ein anderes Beispiel des Umgangs mit Alter und Tod. Bei etlichen Stämmen der Sahara, ebenso polynesischer Inseln und der Eskimos ist es üblich, alte und schwache Menschen, die bei den Wanderungen nicht mehr mithalten können oder sonst den Ansprüchen des Überlebens der Gemeinschaft nicht mehr entsprechen, zu töten oder ihnen durch Zurückbleiben den Tod nahezulegen. Die Unwirtlichkeit des Lebensraumes oder die Knappheit der Lebensmittel zwingen zu diesem Schritt, um den Rest der Gemeinschaft dam Leben zu erhalten.[29]

Um ein weniger makabres Beispiel zu wählen, sei ein Blick auf soziale Systeme und ihre Heterogenität geworfen, die schon im Tierreich konstatierbar sind und als Spiegel für menschliche Verhaltensweisen stehen können.

Frans de Waal[30] hat in Studien an Kapuzineräffchen nachweisen können,

26 Es läge hier nahe, einmal zu überdenken, wie leichtfertig wir mit dem Verzehr von Tierfleisch umgehen, obwohl Tiere über Genealogien auch mit uns verwandt sind.

27 Unterschieden werden diverse Arten von Kannibalismus: Ernährungskannibalismus, Endokannibalismus, Pietätskannibalismus aus Liebe und Respekt, Angstkannibalismus, demzufolge die Toten durch Verspeisen an der Wiederkehr ins Leben gehindert werden sollen (s. Kannibalismus, Wikipedia).

28 Vgl. Herodot: *Historien*, griechisch-deutsch, 2 Bde. hrsg. von Josef Feix, 7. Aufl. Berlin 2011, Buch 3,38.

29 Vgl. Herskovits: *Ethnologischer Relativismus und Menschenrechte*, in: Dieter Birnbacher, Norbert Hoerster (Hrsg.): *Texte zur Ethik*, 12. Aufl. München 2003, S. 39 f. Die Spartaner setzten lebensunfähige Kinder in einer Schlucht aus, um ihre Wehrhaftigkeit zu bewahren. Das Thema gewinnt heute wieder eine gewisse Aktualität angesichts der Überbevölkerung. So wird in Japan diskutiert, ob man den Alten nicht eine schöne Reise anbieten solle, um sie dadurch zu bewegen, danach aus dem Leben zu scheiden.

30 Frans de Waal: *Primaten und Philosophen*. Wie die Evolution die Moral hervorbrachte (Titel der Originalausgabe: *Primates and Philosophers*. How Morality Evolved, Princeton, Prince-

dass schon diese ein Gerechtigkeits- und Fairnessgefühl entwickeln, was Leistung und Belohnung betrifft, das sich in menschlichen Systemen wie der egalitären Demokratie fortsetzt. In dem Experiment wurden die Äffchen für erbrachte Leistung mit Weintrauben belohnt, die sie offensichtlich lieben. Dabei ergaben sich drei Fälle:[31]

1. Erhielten sie für eine erbrachte Leistung einen minderen Lohn, so reagierten sie unwillig und randalierten.

2. Erhielt einer für eine Leistung einen geringeren Lohn als sein Partner, den er beobachten konnte, so war er ebenfalls unwillig und warf die Belohnung fort.

3. Konnten alle die begehrten Weintrauben in der Ferne sehen, ohne dass diese verteilt wurden, so beruhigten sich die Affen bald und wendeten ihr Interesse von den Trauben ab.[32]

Von anderen Affenarten wie Rhesusaffen, Pavianen, Schimpansen, Orang-Utans ist bekannt, dass sie auf einer hierarchisch-patriarchalischen Gesellschaftsordnung basieren, so dass das dominante Männchen und Führer der Gruppe zuerst die meiste und beste Nahrung erhält, dann die anderen gemäß ihrer Rangordnung. Diese Ordnungsstruktur entspricht eher einem hierarchischen System. Sollten die diversen Gesellschaftssysteme und die sich darin bekundenden diversen Ansichten und Verhaltensweisen ausschließlich auf genetische Anlagen und Prozesse zurückgehen und nicht auch auf äußere Umwelteinflüsse, wie die Soziobiologie behaupten dann ließe sich die existierende Vielfalt von Systemen kaum erklären, da deren Entwicklungsprozesse längere Zeiträume benötigen. Die unterschiedlichen Systeme und Verhaltensweisen dürften sich unter dem Einfluss besonderer Umweltbedingungen spezifiziert haben. Der Behauptung vieler Ethiker auf die Universalität ethischer Vorstellungen widerspricht die Diversität.

ton University Press, N.J., 2006), aus dem Englischen von Hartmut Schickert, Birgit Brandau und Klaus Fritz, München 2011.

31 In verkürzter, jedoch prägnanter Darstellung vorgetragen.

32 Vgl. Karen Gloy: *Die Frage nach der Gerechtigkeit*, Paderborn 2017, S. 30 f.

2. Kapitel: Verhältnisarten zwischen Gut und Böse

Zunächst sei auf die diversen Arten des Verhältnisses zwischen Gut und Böse eingegangen, deren es fünf Typen ontologisch und logisch zu unterscheiden gilt.

Gewöhnlich werden Gut und Böse in einem dualistischen, speziell antithetischen Verhältnis zueinander stehend definiert. Sie machen dann Opposita aus, die sich als polare Instanzen, Positives und Negatives, gegenüberstehen im Verhältnis der wechselseitigen Kontrarietät (bei begrifflicher Formulierung der Kontradiktion). Werden sie ontologisch als konträre aufgefasst, so befinden sie sich in einem ständigen Kampf, bei dem einmal die eine Instanz, dann die andere den Sieg davonträgt, jedoch niemals definitiv. Vielmehr handelt es sich um ein ständiges Auf und Ab, einen Kampf von Über- und Unterlegenheit, während der Gleichgewichtszustand beider in Form von Harmonie meist ein labiler ist. Wegen ihrer Gegensätzlichkeit lässt sich dieses Modell, wie in Kommentaren der Gegenwart üblich, auch als Perversion[33], einem eher unglücklichen Terminus, oder als Umkehrung oder Umkippen des einen in das andere deuten. Früher waren eher Begriffe wie Drehtürprinzip[34], Ambiguität, Ambivalenz u.ä. üblich. Bleibt man auf der Ebene der reinen Begrifflichkeit und Logik, so werden die Begriffe gut und böse als statisches Verhältnis aufgefasst, als Entweder-Oder oder Antithesen (wechselseitige Negation).

Die zweite Art des Verhältnisses zwischen Gut und Böse gibt ein monistisches Verhältnis mit der absoluten Dominanz des Guten und der Dependenz und Abständigkeit des Bösen vom Guten wieder.

Die Distanz wird durch Grade bestimmt. Da das Böse hier als das mindere Gute, als das Geringere, angesetzt wird, wie es auch der althochdeutschen Bedeutung *bōsi,* verwandt mit mittelenglisch ‚aufgebläht', ‚aufgeblasen', ‚prahlend', in Wahrheit ‚geringer', ‚schlechter'[35] entspricht, wird für diesen Ansatz auch der Name Privation (Mangel)[36] gebraucht.

Bei dem dritten Verhältnis handelt es sich um ein dialektisch-triadisches, das davon ausgeht, dass das Gute erst dann vollkommen ist, wenn es sein Gegenteil – das Andere seiner selbst – impliziert. Das Gute im Sinne des Absoluten oder Vollkommenen, theologisch des Göttlichen, wäre nicht dieses, wenn es noch etwas außer sich hätte, zu dem eine Relation hergestellt werden könnte. Soll es das Absolute oder Vollkommene sein, so muss das Ande-

33 Vgl. Jörg Noller: *Das Böse.* Eine Einführung, Hamburg 2017, S. 13 (Perversionstheorie).

34 Vgl. Viktor von Weizsäcker: *Anonyma,* Bern 1946, S. 19 f.

35 Friedrich Kluge: *Etymologisches Wörterbuch der deutschen Sprache,*, a.a.O., S. 93.

36 Vgl. Jörg Nolller: *Das Böse,* a.a.O., S. 13 (Privationstheorie).

re integriert werden, was über eine Trias aus Position, Negation und Negation der Negation = Position geschieht. Das entspricht einer Rückkehr zum ersten, das nunmehr als gefüllte Einheit auftritt, als ἓν διαφέρον ἐν ἑαυτῷ, als eines, das sich in sich selbst gespalten hat und über die Disjunkta wieder mit sich zusammengeht.

Eine vierte Konzeption besteht im Zusammenfall von Gut und Böse in einer für die Erkenntnis unzugänglichen *coincidentia oppositorum*, mit der die Tanszendenz bezeichnet wird.

Ein fünftes Konzept ist der Zusammenfall der Gegensätze in der Ambivalenz, dem Changieren zwischen den Opposita. Dies zeigt sich äußerlich real an der Spiegelbildlichkeit und begrifflich in der Doppeldeutigkeit.

(1.) Das dualistische Konzept der Kontrarietät

Sucht man nach konkreten Beispielen für das dualistische Konzept, so wird man von Ethnologen und Ethologen auf die kultischen Tänze in Südostasien, insbesondere auf Bali, verwiesen, denen man auch als Fremder besonders authentisch nachts in der Nähe von Friedhöfen beiwohnen kann. Sie werden dominiert von zwei gegensätzlichen aus der balinesischen Mythologie stammenden Figuren, dem löwenartigen Barong, der das Gute repräsentiert, und der Hexe Rangda, die das Böse verkörpert, die beide den ständigen Kampfe zwischen Gut und Böse aufführen. Der mächtige Barong ist die Inkarnation des Schutzgeistes Banas Pati Raja, der ursprünglich die Seelen der Toten bewachte und vor Schändung bewahrte und die der Lebenden vor Erkrankung und sonstigen Übeln bewahrte, ihre Häuser und Dörfer schützte. Er wird dargestellt durch zwei Tänzer, die sich ein riesiges löwenartiges Maskenkostüm übergestülpt haben, bestehend aus einem relativ kleinen holzgeschnitzten Kopf mit großen Kulleraugen, einem aufgerissenen, klappernden Maul, gewaltigen Eckzähnen, die auf seine dämonische Kraft deuten, und einem riesigen zottigen Fell, bestückt mit punzierten Lederstücken. Seine Gegnerin und Feindin ist die Hexe Rangda als Inkarnation der Unterwelt und der Totengöttin Durga. Sie trägt wildes, verwahrlostes Haar, hat große, hervorquellende Augen und eine rote Zunge, ebenfalls scharfe Eckzähne, krallenartige lange Fingernägel und trägt ein grelles, schwarz-rotes, gestreiftes Kostüm.

Beide Figuren weisen dämonische Züge auf; sie repräsentieren die kosmischen Kräfte des Guten und des Bösen, die stets miteinander um die Vorherrschaft ringen. Obgleich die Tänze heute häufig als Touristenschau benutzt werden, haben sie nichts von ihrer ursprünglichen Dramaturgie und Dämonie verloren, die bei den Originaltänzen nicht selten zu Tranceerscheinungen bei den Tänzern, besonders den sogenannten Kristänzern, und selbst den Zuschauern führen. Kristänzer sind Begleiter des Barong. Zu Tranceerscheinungen trägt nicht zuletzt die Musik des begleitenden Gamelanorchesters mit Trommeln und Xylophon bei. Die dramatischen Kämpfe erreichen ihren Höhepunkt, wenn Kristänzer zur Unterstützung des Barong auftreten, die ihre Dolche gegen die Hexe wenden, deren magische Kraft und Energie sie aber zwingt, die Dolche gegen die eigene Brust zu pressen; sie fallen dann oft in Trance zu Boden, werden aber durch die Gegenkraft des Guten von der Selbsttötung abgehalten.

Der Tanz symbolisiert, dass keine der magischen Kräfte, weder das Gute noch das Böse, letztlich den Sieg davonträgt, sondern der Kampf ständig wieder auflebt.

Eine mehr spirituelle begriffliche Aufklärung findet das magisch-mythische Geschehen im chinesischen Taoismus im Buch *I Ging* (*Buch der Wandlungen*) von Lao tse, das für seine beiden Symbole Yin und Yang bekannt ist.[37] Sie gehen graphisch aus einem Kreis hervor, verschlingen sich ineinander, wobei jede der Figuren die andere in Form eines Punktes in sich trägt, und gehen wieder in den Kreis zurück. Ihr Kampf mit der ständigen Über- und Unterlegenheit wird durch Verdickung und Verdünnung repräsentiert, welche sich im Gleichgewicht befinden und die Komplementarität anzeigen.

Yin und Yang, das weibliche und das männliche Prinzip, ursprünglich hergeleitet von der schattigen, feuchten Nordseite eines Berges und der hellen Südseite, der sonnigen Anhöhe, repräsentieren in allen Bereichen des Kosmos, ob im geographischen, geologischen, astrologischen, klimatischen, medizinischen, das Gegensätzliche, einerseits das Passive, Schwache, Empfangende, das Ruhende, Dunkle, andererseits das Aktive, Starke, Gebende, Bewegte, Helle usw. Aus ihm gehen alle Gegensätze hervor, die einmal stärker, einmal schwächer sein können, aber stets auf einen Ausgleich tendieren.

Umgeben ist das Symbol von Yin und Yang von 64 Hexagrammen, die graphisch dargestellt werden teils durch kurze, unterbrochene Striche, teils durch längere, durchgehende, die wiederum das Weibliche und Männliche repräsentieren. Ein längerer Strich steht für das Starke, Kräftige, Ausgedehnte, Lichte, Warme, die kurzen, unterbrochenen sind für das Sanfte, Weiche, Dunkle, Kalte, für den Rückzug reserviert. In Kombination zeigen sie alle nur möglichen Verhältnisse auf. Ursprünglich wurden sie zur Orakeldeutung benutzt, später auf die Gegensätze in allen Bereichen angewendet, besonders in der Natur und Medizin.[38]

37 Die Namen tauchen zwar noch nicht in der ursprünglichen Orakelschrift auf – dort ist nur von festen und lichten Kräften die Rede –, sondern in frühen Kommentaren wie den sogenannten Zehn Flügeln.

38 Vgl. Karen Gloy: *Das Projekt interkulturelle Philosophie aus interkultureller Sicht*, Würzburg 2022, S. 157 ff.

Die philosophische Grundidee des Ostens ist der ständige, nimmer endende Kampf zwischen Gut und Böse, bei dem einmal die eine Seite siegt, während die andere unterliegt, und umgekehrt, aber niemals zur Ruhe kommt, indem sich das Verhältnis immer wieder ändert. Das Gleichgewicht, die Ausbalancierung der Kräfte, ist ein Idealzustand und in der Realität allenfalls ein Durchgangsstadium.

Während das Christentum sich mit der Gegensätzlichkeit der beiden Prinzipien nicht recht anfreunden konnte, ist die Lehre zur Zeit der Entstehung des Christentums im Osten mehrfach vertreten worden. Zu nennen ist einmal der Zoroastrismus oder Zarathustrismus, eine uralte, auf indo-iranische Quellen zurückgehende religiöse Tradition, der Zarathustra im ersten oder zweiten Jahrtausend vor Christus zum Durchbruch verholfen hat und daher als deren Stifter gilt. Auch sie beruht auf dem Gegensatz von Licht und Finsternis in Gestalt von Gottheiten oder Urkräften. Die Welt ist Schauplatz eines ständigen Kampfes der beiden Mächte, des Lichtes und der Finsternis, eines Kampfes, der solange währt, bis Ahura Mazda die dämonischen Kräfte in den Abgrund verwiesen hat.

Die andere Verwirklichung dieser dualistischen Idee ist der Manichäismus, benannt nach seinem Gründer, dem Perser Mani, der im 3. vorchristlichen Jahrhundert die Lehre verbreitete. Stets beeinflusst von der Gnosis, wirkte sie später auf das frühe Christentum ein, unter anderem auch auf Augustín von Hippo. Dieser war in seinen jungen Jahren überzeugter Manichäer, bis er zum Christentum als dem ihm einzig richtig erscheinenden religiösen Weg konvertierte. Davon zeugen seine *Bekenntnisse* und der *Genesis-Kommentar gegen die Manichäer* (*De Genesi contra Manichaeos*).[39] Die Gründe für seine Konvertierung nennt Augustin in den *Bekenntnis*sen: Als Manichäer vertrat er eine Zwei-Substanzen-Theorie, von denen die eine gut, die andere böse war und die sich von Anfang an feindlich gegenüberstanden.

„So meinte ich denn auch, das Böse sei solch eine Art Substanz, eine häßliche und ungestaltete Masse, sei es von grober Dichtigkeit und darum Erde genannt, sei es dünn und fein, wie die stoffliche Luft. Diese soll, so bilden sie [die Manichäer] sich ein, als böser Geist sich durch die Erde hinschlängeln. [...] Aus diesem giftschwangeren Keim erwuchsen sodann meine übrigen Lästerungen."[40]

Daraus schloss Augustin, dass nicht der Mensch sündigt, sondern eine im Menschen vorhandene Substanz. Augustins Bekehrung führt ihn zur Überzeugung, dass Sünde entgegen der substanztheoretischen Behauptung

39 Vgl. Annemarie Pieper: *Gut und Böse*, München 1997, 2. Aufl. 2002, S. 73 f.; Sara Antonietta Luisa Arnoldi: *Manichäismus und Bibelexegese bei Augustinus: De Genesi contra Manichaeos*, Diss. München 2011.

40 Augustin: *Bekenntnisse* (*Confessiones*) eingeleitet und übertragen von Wilhelm Thimme, Zürich, Stuttgart 1950; S. 129.

der Manichäer kein Wesen, geschweige denn ein stoffliches Prinzip ist, sondern ein freiheitlicher Willensakt, die „Verkehrtheit des vom höchsten Wesen, von […] Gott, dem Niedersten sich zuwendenden Willens, der ‚sein Innerstes wegwirft' und draußen sich aufbläht."[41]

Dem gehen großartige Spekulationen und Grübeleien über den Ursprung des Bösen voraus:

> „Dennoch hat er [Gott], selbst gut, nur Gutes geschaffen, und siehe, wie er alles umfaßt und erfüllt! Aber wo leibt denn da das Böse, von woher und wie hat sich's eingeschlichen? Was ist seine Wurzel und was sein Same? Oder ist es überhaupt nicht? Aber warum fürchten wir es denn und scheuen uns vor dem, was gar nicht ist? Oder wenn wir uns ohne Grund fürchten, dann ist wohl die Furcht selber das Böse, wodurch unser Herz sinnlos gepeinigt und gemartert wird, um so bösartiger, als gar nichts existiert, wovor wir uns fürchten müßten, und wir fürchten uns doch. Dann gibt es also entweder ein Böses, wovor wir uns fürchten, oder das Böse besteht darin, daß wir uns fürchten. Aber woher kommt das, da doch Gott selbst gut ist und alles gut geschaffen hat? Mag es ein größeres, ja das größte Gut sein, das das geringere Gut hervorgebracht hat, so ist doch alles, Schöpfer und Geschaffenes, gut. Woher also das Böse? Oder war da ein böser Stoff, aus dem er alles bildete, und hat er ihn gestaltet und geordnet, aber etwas ist geblieben, das er nicht in Gutes verwandelte? Aber warum das? Hätte er nicht die Macht, es gänzlich zu ändern und umzuwandeln, so daß nichts Böses zurückblieb, er, der doch allmächtig ist? Warum endlich wollte er überhaupt aus diesem Stoff etwas machen und bewirkte nicht vielmehr durch seine Allmacht, daß er völlig aufhörte zu sein? Oder konnte er gar gegen seinen Willen da sein? Oder wenn er ewig war, warum ließ er ihn solch unangemessene Zeiträume bleiben, wie er war, und faßte erst so viel später den Entschluß, etwas daraus zu machen? Oder wenn er schon plötzlich in Tätigkeit treten wollte, warum wirkte der Allmächtige dann nicht dies, daß jener Stoff zu nichts ward und er selbst allein zurückblieb, das durch und durch wahre, höchste und unendliche Gut? Oder wenn es nicht gut gewesen wäre, daß er, der Gute, nicht auch Gutes gebildet und bereitet hätte, warum beseitigte und vernichtete er nicht zuerst den bösen Stoff, um dann einen guten

41 A.a.O., S. 182.

> hervorzubrungen, aus dem er alles hätte schaffen können? Er wäre ja nicht allmächtig gewesen, hätte er nicht Gutes herstellen können, ohne dabei jenen Stoff zu verwenden, den er nicht selbst geschaffen."[42]

Die Schwierigkeit besteht darin, dass Augustin von einer äußeren substanztheoretischen Auffassung des Bösen zu einer inneren, psychologischen kommen musste und von dort, einer deterministischen Auffassung, zu einem Willenszwiespalt und schließlich zu einer freiheitlichen Willensentscheidung, dem Abfall von Gott.

(2.) Privation (Beraubung)

Eine ganz andere, monistische Interpretation des Guten und des Bösen findet man bei Platon, bei dem es eigenständig nur das Gute gibt, nicht das Böse. Nur das Gute existiert, und zwar durchgängig und vollständig, absolut. Platon belegt es auch mit der Kalokagathia-Formel, derzufolge das Gute zugleich das Schöne und Wahre ist. Das Böse ist angesichts der absoluten Existenz des Guten nur noch als graduelle Abständigkeit, als Entfernung vom Guten, nämlich als Privation, Entzug des Guten interpretierbar, ohne eigene Existenz.

Der locus classicus für diese Theorie ist das Höhlengleichnis in der *Politeia* (Anfang des 7. Buches), das trotz seines hohen Bekanntheitsgrades hier nochmals erzählt werden soll mit der Akzentuierung der wichtigsten Punkte.

Menschen leben in einer Höhle, gefesselt an Hals und Schenkeln, und vermögen nur einseitig auf eine ihnen gegenüberliegende Wand zu schauen, auf der Schatten und Echos vorbeihuschen von Personen mit Gegenständen, die hinter den Gefangenen im Rücken vorbeigetragen werden und über eine Balustrade hinausragen. Gelänge es nun einem der Unglücklichen, sich zu befreien und hinter sich zu schauen, so würde er erkennen, dass die Schatten und Echos, die er zuvor sah und hörte, nicht das Eigentliche sind, sondern die Personen und Gegenstände, die hinter ihm im Rücken vorbeiziehen und von denen die Schatten und Echos stammen. Würde es ihm darüber hinaus gelingen, einen steilen, holprigen Weg von der dunklen Höhlenwelt in die lichte Oberwelt hinaufzusteigen, so würde er auch hier, geblendet vom Licht, zunächst die Gegenstände bei Nacht erkennen und zuletzt, nachdem er sich

42 A.a.O., S. 168 f.

an das Licht gewöhnt hätte, die Gegenstände bei Tag und als letztes die Ursache von allem, die Sonne (das Licht).

Dem Philosophen obliegt es nach Platon, nachdem er den Ursprung von allem erkannt hat, den umgekehrten Weg des Abstiegs von der Oberwelt in die Unterwelt zu vollziehen und die dortigen Menschen zu belehren und ihren Blick aufwärts nach oben zu richten.

Was im Höhlengleichnis bildlich ausgedrückt ist, versucht das im vorangehenden Buch vorgestellte Liniengleichnis rational zu formulieren, indem man sich eine quaternal eingeteilte senkrechte Linie zu denken hat, deren Teile wiederum nach demselben Prinzip ontologisch wie epistemologisch geteilt sind. Der unterste Bereich repräsentiert die Schatten und Abbilder der Gegenstände mitsamt der korrespondierenden Abbilderkenntnis, darauf folgen die realen Gegenstände und die ihnen entsprechende und zugeordnete sogenannte *pistis*, der Glaube an die Realität, während der obere Teil ontologisch besetzt ist durch geometrisch-mathematische Gegenstände und über ihnen durch die Ideen, wobei die ihnen jeweils zugeordneten Erkenntnisarten nun nicht einfach Erkenntnis der Mathematika und Ideenerkenntnis sind, sondern aufgrund der Annahme einer axiomatischen Systematik, die von Voraussetzungen (Hypothesen) ausgeht, im unteren Bereich absteigt von höheren zu niederen Hypothesen mit Anschluss an anschauliche Vorstellungen wie in der Geometrie, im oberen, ideellen Teil aufsteigt von niederen Hypothesen zu immer höheren auf der Suche nach einem Letzten, Voraussetzungslosen (ἀνυπόθετον), der Idee der Ideen oder der Idee des Guten.

Auch im Liniengleichnis wird der Aufstieg vom Niederen zum Höheren bis zum Höchsten und umgekehrt der Abstieg zum immer Schlechteren, Minderwertigeren, Geringeren demonstriert. Vermieden aber wird der Ansatz eines Bösen an sich.

Wendet man auf die Stufenleiter die scholastische Begriffe des *ens, unum, verum et bonum* an, so wird Platons Absicht noch plausibler.

Bezüglich des Seins (lateinisch *ens*) gibt es nur ein einziges, vollständiges und durchgängiges Sein (griechisch ὄντος ὄν), welches das, was es ist, immer und ewig, unentstanden, unvergänglich und unveränderlich ist, wie die Ideen. So besteht beispielsweise die Idee des Kreises in der Intuition dessen, was ein Kreis ist und sich logisch-definitorisch als Linie aller Punkte, die vom Mittelpunkt gleichen Abstand haben, ausdrücken lässt. Jeder reale Kreisen hingegen ist im strengen Sinne kein Kreis mehr, sondern eine mehr oder weniger gelungene Anordnung von Graphitklötzchen oder Sandkörnern. Insbesondere ein aus der Hand gezeichneter Kreis enthält eine Anzahl von Abweichungen, und selbst ein mit dem Zirkel gezogener erweist sich unter dem Mikroskop als unregelmäßige Umwallung von Graphit- oder Kreideklötzchen. Es gibt keinen wirklich existierenden Kreis in der Realität, der die Kriterien des Ideals erfüllte. Noch größere Abweichungen vom Kreis sind Spiegelbilder oder sonstige Abbildungen eines geometrischen Kreises, die bis hin zur Ellipse ausgezogen werden können.

Ähnliches lässt sich für das *unum* (das Eine) ausführen. Es gibt nur ein einziges Eines, die Intuition oder ideelle Anschauung des Einen, während schon die begriffliche Fassung des Einen eine Abweichung darstellt. Sie ist mehr als Eines, insofern der Begriff qua Begriff (als Subjekt) auf Eines als sein Objekt bezogen ist. – In der Realität aber tritt das Eine nur als Mehreres (Vieles) und Differentes auf, als dies und das und jenes; und noch mehr ist dies der Fall in den Abbildungen des Einen, die ins Hundert- und Tausendfache gehen können.

Auch bezüglich des *verum*, des Wahren, gibt es nur eine einzige Wahrheit, nämlich die ideelle, während die Erkenntnis der realen Dinge und Sachverhalte nur wahrscheinlich, d.h. wahrheitsähnlich (*verisimile*) ist, und noch weiter von der Wahrheit entfernt, noch unwahrscheinlicher sind die Schatten und Abbilder der empirischen Gegenstände, was die Furcht der Griechen vor dem Schattenreich der Toten begründete.

Was im Vorausgehenden vom *ens, unum* und *verum* gesagt wurde, gilt auch vom *bonum,* vom Guten, nämlich dass das einzige immerwährende, unentstandene, unvergängliche und unveränderliche Gute die Idee des Guten ist. Alles Übrige in der empirischen Erscheinungswelt hat lediglich Teil am ideellen Guten und in gradueller Abständigkeit von ihm. Kein empirisch Seiendes ist wahrhaft gelungen, sondern hat Fehler und Defizite, und noch mehr Abweichungen und Mängel hat das bloß Scheinhafte.

Platon vermeidet den Ansatz eines eigenständig Bösen, eines Bösen an sich, und zwar sowohl ontologisch wie epistemologisch. Wenn es nach ihm kein Böses an sich gibt und entsprechend auch keine Erkenntnis davon, so kann das Böse nichts anderes sein als eine mangelhafte Erkenntnis des Guten. Platons oft wiederholte These besteht darin, dass niemand willentlich das Schlechte, das für ihn Böse, anstrebt, weil dieses ihm nur schaden würde. Niemand will sich selbst schaden. Wenn daher im Denken und Handeln das Böse, das Nicht-Gute angestrebt wird, ist dies eine Verkennung des wahren Guten und Nützlichen. Von einem Drogensüchtigen würde Platon nicht wie wir heute sagen, er erkenne zwar das Gute, sei aber unfähig, es zu realisieren, sondern, er erkenne das wahrhaft Gute und Nützliche nicht, sonst würde er dasselbe erstreben, da niemand das für sich Schädliche begehrt. Erst das Christentum hat zwischen die Erkenntnis und die Handlung gemäß der These, dass der Geist zwar willig, das Fleisch jedoch schwach ist, das Vermögen der Durchsetzungsfähigkeit, der Willenskraft, gesetzt. Da Platon kein Böses an sich kennt, ist alles Böse ein missverstandenes Gutes, eine Erkenntnisschwäche. Platons Generalthese läuft darauf hinaus, dass der Mensch qua Erkenntniswesen keine letzte Einsicht in das Gute besitzt, sondern lediglich das Streben und Bemühen um das Gute, was er in der Formel von der ὁμοίωσις θεῷ, der Annäherung oder Angleichung an das Göttliche, soweit dies möglich ist, zusammenfasst.[43] Das menschliche Defizit liegt platonisch nicht in der Ontologie, sondern in der prinzipiell beschränkten menschlichen Erkenntnisfähigkeit. Tat Platon anfangs noch so, als ließe sich das Gute, Schöne und Wahre erkennen, so muss er schließlich konzedieren, dass dem Menschen letzte Einsicht verwehrt ist.

Der platonischen Theorie am nächsten kommt das Christentum, für das Gott das schlechthin Gute darstellt. Gott ist ohne Fehl und Tadel, das absolute, durchgängige Gute, das Positive, bar jeden Übels, so wenigstens die reine Lehre. Da aber doch das Böse irgendwie in der Welt ist, permanent gedacht oder praktiziert wird, musste die offizielle christliche Theologie eine, wenngleich an den Haaren herbeigezogen Erklärung finden, indem sie einen Teil Gottes in Gestalt des Engels Luzifer unterstellte, der von Gott abfällig wurde und zum Teufel degradierte.

Die christliche Theologie hat sich stets bemüht, dem Einfluss des Manichäismus und der Gnosis mit dem Ansatz eines eigenständigen Bösen als Gegenpol zum Guten zu entgehen, obgleich die Annahme des Manichäismus nahelag. Sie hat stattdessen krude Ausflüchte ersonnen und ist die Erklärung schuldig geblieben, warum und wieso der Engel abfällig wurde, wenn doch Gott allmächtig und insofern auch für alles verantwortlich ist.[44] Der Teufel in Goethes *Faust I.* verkündet sogar:

> „Ich bin ein Teil des Teils, der anfangs alles war,
> Ein Teil der Finsternis, die sich das Licht gebar,
> Das stolze Licht, das nun der Mutter Nacht
> Den alten Rang, den Raum ihr streitig macht."[45]

Nach dieser Erklärungstheorie war das Dunkle, Nichtige, Böse sogar der Anfang von allem, auch des kosmischen Gegenpols, des Lichtes, und somit nicht nur gleichwertig, sondern sogar vorrangig und übergeordnet. Bei Ansatz eines absolut Guten, das die Welt beherrscht wie im Christentum, bleibt die Begründung des Bösen skurril, andernfalls wäre man zur Annahme eines eigenständig Bösen gezwungen wie im Manichäismus und in der Gnosis. So aber erliegt man in mehrerer Hinsicht dem Selbstwiderspruch, einerseits dem, dass der Ansatz eines absolut Guten doch das Böse impliziert, andererseits dem, dass der Menschen mit der Freiheit seiner Willensentscheidung zu gut oder böse in die Nähe eines göttlich Allvermögenden rückt. Und das

43 Platon: *Theaitet* 176b.

44 Vgl. die ähnlichen Überlegungen und Erwägungen Augustins in den *Bekenntnissen*, a.a.O., S. 166.

45 Johann Wolfgang Goethe: *Faust I*, Vers 1149 ff. (Studierzimmer).

Böse auf die Verführung der Schlange und die Verfehlung Adams und Evas beim Sündenfall zurückzuführen, würde nur darauf weisen, dass die göttliche Schöpfung doch nicht ganz vollkommen ist, sondern zumindest die Möglichkeit zum Bösen impliziert.

Aus diesen Umständen erkennt man, dass Religionen, in diesem Fall die christliche, letztlich doch auf menschliche, empirische Erfahrungen wie die von Gut und Böse rekurrieren und in ihrer Theoretisierung und Verabsolutierung zu unauflöslichen Widersprüchen führen.

(3.) Das Böse als Implikat Gottes

Die Konsequenz hieraus hat Georg Wilhelm Friedrich Hegel gezogen, indem er eine andere Ausdeutung des christlichen Religion bezüglich des Guten und des Bösen offerierte, und zwar eine dialektisch-triadische, die man durchgängig in allen Werken Hegels von den Jugend- bis zu den Spätschriften findet. Es handelt sich um eine nur auf den ersten Blick merkwürdige Interpretation der christlichen Theologie, die Gott nicht wie gewöhnlich als Jenseitiges der Welt dem Diesseitigen konfrontiert, sondern als Absolutes setzt, das die Welt mit umfasst und integriert. Als pantheistisch unterscheidet sie sich von der gewöhnlichen transzendenten ontologischen Interpretation. Immerhin war Hegel nicht nur Philosoph, sondern auch Theologe, der im Tübinger Stift zusammen mit Schelling und Hölderlin evangelische Theologie studierte und damit nicht ganz unqualifiziert war zur Interpretation der christlichen Religion.

Hegels Grundidee ist die folgende:[46] Das Absolute ist Gott und zu Gott gehört nicht nur das Sein, sondern auch das Selbstbewusstsein, das Wissen von sich selbst. Dieses ist am Anfang noch nicht vollständig vorhanden, vielmehr ist Gott in diesem Stadium nur erst an sich (Ansichsein oder Sein an sich), er ist noch nicht Bewusstsein seiner selbst. Dieses gewinnt er erst, indem er die Welt sich gegenüber setzt als das Andere seiner selbst und dann in sich aufhebt und integriert, allerdings nicht in einem zeitlich zu denkenden Prozess durch alle Formen und Stufen des Geschichtlichen hindurch, sondern in einem immer schon vorliegenden Durchgang. Erst mithilfe dieses Vorgangs gewinnt er sein An- und Fürsichsein und somit seine Vollkommenheit als zu sich selbst gekommenes, seiner selbst bewusstes und somit vollendetes Absolutes. Die Argumentation macht Gebrauch von der triadischen Gedankenfigur von Position, Negation (Setzung des Anderen) und

46 Dazu vgl. Georg Wilhelm Friedrich Hegel. *Vorlesungen über die Philosophie der Religion.* Auf der Grundlage der Werke von 1832-45 neu edierte Ausgabe. Redaktion Eva Moldenhauer und Karl Markus Michel, Frankfurt a. M., Bd.16, 1969, S. 151-202.

Negation der Negation, was Aufhebung der Negation und somit erneute, nunmehr vollendete Position bedeutet, womit sich der Kreis schließt. Hierbei handelt es sich um eine bereits seit der Antike bekannte Gedankenfigur gemäß der Formel ἓν διαφέρον ἐν ἑαυτῷ, des Einen, das sich in sich selbst teilt und über die Differenten wieder mit sich zusammengeht zur nunmehr gefüllten Einheit. Gott ist in seiner Vollkommenheit, nämlich als An- und Fürsichsein, erst am Ende dieses Prozesses da, noch nicht am Anfang desselben, wo er nur reines Ansichsein war, und auch noch nicht im Stadium des Fürsichseins, sondern erst am gedanklichen Ende des An- und Fürsichseins. Der Prozess des Zusichkommen seiner selbst ist also ein notwendiger Gang. Obwohl Hegel, soweit ich sehe, für das Andere seiner selbst, die Welt, nicht den Ausdruck des Bösen gebraucht, kann doch nichts anderes als dies damit gemeint sein. Ein wirklich Vollkommenes wie Gott ist erst dann vollendet und vollkommen, wenn es beides, Gut und Böse, in sich enthält. Das Böse ist Durchgangsstadium eines vollendeten Gottes, der das Böse als Überwundenes in sich enthält, anders gesagt, zum Vollkommenen gehören Gut und Böse gleichermaßen. Das wirklich Vollkommene und Vollendete ersetzt die Einseitigkeit der Konfrontation.

Eine ganz ähnliche Argumentation benutzt Hegel auch bei der Definition des Unendlichen. Gewöhnlich konfrontieren wir Endliches und Unendliches als Gegensätze, machen uns aber nicht bewusst, dass wir auf diese Weise das Unendliche begrenzen und verendlichen. Um diesem Fehlschluss zu entgehen, konfrontiert Hegel nicht Unendliches und Endliches,sondern integriert letzteres in ersteres, indem er das Unendliche als Einheit von Unendlichkeit und Endlichkeit auffasst. Das vollkommen Unendliche ist erst die Einheit seiner selbst und des Anderen seiner selbst.

Hinter dieser Argumentation steht die Absicht Hegels, die vulgäre christliche Religionsauffassung von der Jenseitigkeit Gottes und dieser Diesseitigkeit der Welt aufzuheben und an die traditionelle Mystik anzuschließen, dieser jedoch, da sie zumeist als Gefühlsmystik auftritt, eine gedanklich nachvollziehbare Struktur zu geben. Das Ziel ist der Zusammenfall der menschlichen Gotteserkenntnis mit der göttlichen Selbsterkenntnis. Das geschieht über die Setzung der Welt, zu der der Mensch als Erkenntniswesen gehört, indem Gott die Welt als das Andere seiner selbst setzt und zugleich wieder in sich hineinnimmt. Damit nimmt er auch das menschliche Erkenntnisvermögen, das zunächst als das Andere auftritt, mit in sich hinein, so dass die Selbsterkenntnis Gottes und die menschliche Gotteserkenntnis koinzidieren. Dies hatte schon Meister Eckhart in seiner Mystik so formuliert: „Das Auge mit dem mich Gott sieht, ist das Auge mit dem ich ihn sehe, mein Auge und sein Auge ist eins.“[47]

47 Vgl. Georg Wilhelm Friedrich Hegel: *Werke*. Vollständige Ausgabe durch einen Verein von Freunden des Verewigten, Bd. 11, Berlin 1832, S. 149; Nicolai Hartmann: *Die Philosophie des deutschen Idealismus*, 3., unveränderte Aufl. Berlin, New York 1974, S. 562-569, bes. S. 568.

Eine ähnlich spekulative Theorie wie Hegel vertritt Friedrich Wilhelm Joseph Schelling in seiner Spätschrift *Philosophie der Offenbarung* von 1841/42.[48] Ein Unterschied jedoch besteht darin, dass für Hegel die göttliche Weltschöpfung und damit die göttliche Selbstentäußerung Voraussetzung für die Selbstbewusstwerdung Gottes ist und somit ein unverzichtbarer, notwendiger Prozess, während Schelling das innere Beisichsein Gottes bereits vorauszusetzen scheint und die Weltschöpfung und Selbstentäußerung Gottes als ein freiwilliges Opfer betrachtet. Ihm kommt es auf die Freiwilligkeit des Opfers an, wodurch der Kreisgang in seiner Notwendigkeit unterbrochen und zum freien Spiel wird. Die Wiedereinholung der veräußerlichten Welt in Gott entbehrt damit der Zwangsläufigkeit. In diesem Punkt bleibt Schellings *Philosophie der Offenbarung* zwiespältig, ja widersprüchlich. Einerseits steht fest, dass Gott zum Selbstbewusstsein und damit zu seiner Vollendung nur kommen kann, wenn er den Prozess der Selbstentäußerung und Rückkehr zu sich vollzieht, andererseits soll ihm dieser Prozess der Selbstwerdung frei stehen, also gerade nicht notwendig zukommen, da die Freiheit der Opfertat und damit die Nichtnotwendigkeit betont wird. Bei Schelling bleibt die Beziehung zwischen dem freiheitlichen Selbstaufopferungsprozess Gottes für die durch den Sündenfall sündig gewordene Menschheit und die Notwendigkeit des gesamten Prozesses ungeklärt.

In diesem Kontext ist auch ein Blick auf die plotinische Philosophie zu werfen, die in den *Enneaden* niedergelegt ist, wiewohl ein Zeitabstand von Jahrhunderten zwischen Neuplatonismus und Idealismus liegt. Plotin gehört dem 3. Jahrhundert nach Christus an. Zwar ist er von Platon beeinflusst, jedoch eigenständig.

Plotin geht von einem Ureinen aus, das aufgrund seiner Fülle überquillt, vergleichbar einem überquellenden Dampfkessel, und seine Fülle an die folgenden niederen Stufen sukzessiv und graduell abgibt, zunächst an die noetisch-intelligible Stufe, die die Ideen enthält, dann an die psychologisch-seelische, des Weiteren an die diversen Bereiche der materiellen Natur. Insgesamt enthält das Emanationssystem neun Hypostasen. Auch die unterste Stufe ist nicht durch reine Materialität charakterisiert,[49] da dies den Übergang zum dualistischen Gegensatzsystem des Manichäismus und der Gnosis bedeutete. Auch diese Stufe enthält noch einen Abglanz der obersten, wenngleich einen äußerst schwachen, denn ansonsten wäre das rein Materielle gleichzeitig das Negative, Schlechte, Böse an sich. Gut und Böse sind

48 Friedrich Schelling: *Philosophie der Offenbarung 1841/42* (Paulus-Nachschrift), hrsg. und eingeleitet von Manfred Frank, Frankfurt a. M. 1993; vgl. hierzu auch Peter Koslowski: *Schöpfung als Selbstopfer. Opfer als metaphysischer und sozialphilosophischer Zentralbegriff*, in: *Archivio di Filosofia*, Vol. 76, Nr.1/2, *Il Sacrificio* (2008), S. 99-116.

49 Anders Annemarie Pieper: *Gut und böse*, München 1997, 2. Aufl. 2002, S. 62, unter Berufung auf *Enneade* V,2.

hier nicht oder nicht nur als moralische Kategorien zu verstehen, sondern als ontologische Instanzen. Und wie bei Platon ist das ideell Einsichtige als Positives, Gutes zu konnotieren gegenüber dem sinnlich Materiellen, das als Negatives, Böses identifiziert wird. Diese Wertungen werden traditionsgeschichtlich durchgängig beibehalten.

Trotz seiner Stufung, seines Ab- und Aufstiegs, ist das System ein geschlossenes. Zwar ähnelt es in Teilen der platonischen Abstiegsphilosophie, doch besteht eine letzte Rückbindung an den Anfang, die das System zu einem geschlossenen Kreisgang, besser zu einem Ellipsengang macht. Eine reine formlose Materie als selbständige Schicht begegnet nirgends in der ontologischen Hierarchie, allenfalls als gedankliches Konstrukt.[50] Bei dem ganzen Prozess handelt es sich auch hier nicht um einen zeitlichen Auf- und Abstieg, sondern um einen gedanklich-ontologischen.

Die wohl vollständigste und umfassendste Formulierung dieser Gedanken der Verbindung von Kreisstruktur und Hierarchie liegt in Gottfried Wilhelm Leibniz' *Monadologie* von 1714 vor, die auch Hegel wie den anderen Idealisten zum Vorbild diente.

Die Monadologie ist ein Ganzes aus Einzelteilen (Monaden), die selbst wieder Ganze von Einzelteilen (Monaden) sind usf., wobei gleichzeitig die abgestuften Ganzheiten Repräsentanten des Ganzen unter einem je spezifischen Aspekt sind, angefangen von der höchsten Monade, der göttlichen, mit ihrem reinen, hellen Selbstbewusstsein über die mittleren Bewusstseinsstufen wie bei Menschen und Tieren bis zu den untersten, den sogenannten schlafenden Monaden, an denen kaum Bewusstsein zu konstatieren ist. Jede Monade ist absolut fensterlos, so dass nichts in sie hineindringen und nichts aus ihr herausdringen kann, und doch ist jede Spiegel des Universums unter je einem spezifischen Aspekt.

Obgleich Leibniz Ab- und Aufstieg innerhalb des hierarchischen Ganzen mit dem Gedanken der Spezifikation und Generalisation verbindet, ebenso mit dem Gedanken der Intellektualität und Sinnlichkeit, tut er dies nicht ebenso mit dem Gedanken des Guten und Bösen, obgleich dies nahegelegen hätte. Er unterlässt es wahrscheinlich deswegen, weil das System für ihn ein rein ontologisches ist, während Gut und Böse zu den moralischen Kategorien rechnen. Fügte man den Gedanken des Guten und Bösen hinzu, so käme man zu einer Konstruktion, die im Ganzen, sowohl was Anfang und Ende

50 Vgl. Karin Alt: *Weltflucht und Weltbejahung*. Zur Frage des Dualismus bei Plutarch, Numenios, Plotin, Stuttgart 1993, S. 67, betont, dass der Weg der Seele hinab in die Inkarnation nicht nur eine Entfernung vom Einen und Ursprung durch die Materie bedeutet, sondern auch die Möglichkeit der Umkehr impliziert.
Subtile Untersuchungen zum nicht immer eindeutigen Verhältnis der Differenz und des Zusammenhangs von Gut und Böse, von Einem und der Materie bei Plotin hat Christian Schäfer: *Unde malum*. Die Frage nach dem Woher des Bösen bei Plotin, Augustin und Dionysius, Würzburg 2002, S. 105-169, angestellt.

wie die Einzelteile betrifft, auf jeder Stufe ein Gleichgewicht von Gut und Böse repräsentierte.

(4.) Das Modell der *coincidentia oppositorum* als Transzendenz

Das vierte Verhältnis von Gut und Böse ist das der *coincidentia oppsitorum*. Der Begriff wurde von Nikolaus Cusanus für den Zusammenfall von Opposita überhaupt in der Transzendenz geprägt. Mit ihr bezeichnete er epistemologisch die Unerkennbarkeit der Transzendenz bzw. des Göttlichen. Historisch geht der Gedanke auf Platons Sonnengleichnis in der *Politeia* (509b) zurück, das zum Ausdruck bringt, dass die Relation zwischen Erkennendem und Erkanntem nur durch ein Drittes, ein *tertium comparationis,* geleistet werden kann, das jenseits existiert (ἐπέκεινα τῆς οὐσίας und, wie zu ergänzen ist, auch jenseits der Erkenntnis). Wie im sinnlichen Bereich das Sehen zum Gegenstand nur durchdringen kann und umgekehrt, wenn dies im Licht geschieht, so auch in der Erkenntnis, indem die Beziehung Erkenntnis – Erkanntes die verbindende Idee des Guten voraussetzt. So wenig wir das Licht sehen, sondern im Licht sehen, so wenig erkennen wir die ἰδέα τοῦ ἀγαθοῦ, obwohl wir deren Voraussetzung zur Verknüpfung benötigen. Sie ist gleichsam das Joch, das beide zusammenspannt wie zwei Pferde, die einen Wagen ziehen.

(5.) Ambivalenz

Ein Zusammenfall von Opposita überhaupt ist nicht nur in der Transzendenz möglich, sondern auch in der Immanenz. Hierfür ist der Ausdruck Ambivalenz oder Ambiguität reserviert oder auch der des Paradoxes. Einem solchen Zusammenfall von Gegensätzen begegnen wir auf diversen Ebenen: der emotionalen (affektiven), der sensuellen (optischen, auditiven, gustatorischen, olfaktorischen, taktilen) sowie der begrifflichen.

Jeder von uns wird schon einmal die Beobachtung gemacht haben, dass im Moment höchster Glücksgefühle, die zum Jubilieren und Glücksausruf motivieren, einem die Tränen kommen, die eigentlich Ausdruck von Trauer sind. Glück und Trauer können genau wie Freude und Leid im selben Augenblick auftreten. Umgekehrt ist auch der Fall bekannt, dass bei tiefster Trauer, wenn diese ihre Klimax erreicht hat, der Umschlag in eine Phase der Gelassenheit, Ruhe und Zufriedenheit eintritt, die Ausdruck des Erfülltseins ist.

Für Kinder ist der instantane Wechsel von Lachen und Weinen allbekannt. Haben sie sich gestoßen oder gar verletzt, so beginnt instantan ein heftiges Weinen und Wehklagen. Lenkt die Mutter das Kind ab, so lacht es unverzüglich wieder, bis es sich wieder auf seine Verletzung besinnt und erneut mit Plärren und Schreien startet, welche aber ebenso schnell wieder vergessen werden.

Der Psychiater Eugen Bleuler[51] berichtet von einem Fall aus der psychiatrischen Klinik, dass eine Mutter, die ihr Kind getötet hatte, da sie den Erzeuger des Kindes nicht liebte, sich nachträglich in tiefste Verzweiflung stürzte, in Jammer und Tränen ausbrach, jedoch ein merkwürdiges Lachen auf dem Mund zeigte. Dies dürfte nicht nur für psychopathologische Fälle, insbesondere für Schizophrene gelten, die an einer Spaltung ihres Bewusstseins leiden, sondern auch für ganz Normale, zumindest in Ausnahmesituationen.

Für Manisch-Depressive ist der instantane Umschwung von ‚himmelhoch jauchzend' in ‚zu Tode betrübt' charakteristisch, indem sie von einem Moment höchster Glücksgefühle zu tiefster Traurigkeit wechseln. Die Gefühlswelt ist eine überaus labile, die momentan nach dieser wie nach dieser Seite ausschlagen kann.

Auch von einem anderen Gefühlsduo ist diese Ambivalenz bekannt, von der Hass-Liebe. Man kann einen anderen Menschen extrem lieben und zugleich extrem hassen. Auch dies ist keine Besonderheit, die nur in der Literatur oder auf dem Theater vorkommt wie in Euripides' *Medea*, die ihre Kinder aus der Ehe mit Jason liebt und dennoch tötet, sondern sie begegnet häufig im Alltag. In der mesopotamischen Kultur und Religion galt die Göttin Inanna gleicherweise als Liebesgöttin, die begehrt und geliebt wurde, wie als Hure, die beschimpft und gehasst wurde. Auch fungierte sie als Todesgöttin.

Liebe und Tod werden oft assoziiert. So ist beispielsweise der hinduistische Gott Shiva Nataraja gleicherweise Herr des Lebens wie des Todes, sein kosmischer Tanz im Feuerkranz auf dem Rücken des besiegten Zwerges Apasmara symbolisiert Weltschöpfung und Weltuntergang und Wiedererstehung zugleich. Ebenso gilt von dem altorientalischen Sonnengott, dass seine Wärme für Wachstum und Leben sorgt, seine Glut hingegen verbrennt und versengt und alles Leben auslöscht. Wie sehr Liebe und Tod auch im menschlichen Bereich zusammengehören, zeigt nicht nur Shakespeares Drama *Romeo und Julia*, sondern zeigen auch andere Theaterstücke und Romane, z.B. Gerhart Hauptmanns Stück *Der arme Heinrich*, das auf die mittelhochdeutsche Versdichtung gleichen Namens von Hartmann von Aue zurückgeht. Es thematisiert die hingebungsvolle, opferbereite Liebe des Mädchens Ottegebe zu dem kranken Edelmann Heinrich von Aue, das für

51 Eugen Bleuler: *Die Ambivalenz*, in: *Festgabe zur Einweihung der Neubauten 18. April 1914*, Universität Zürich (III. Medizinische Fakultät), Zürich 1914, S. 93-106, S. 86 f., online: https://www.sgipt.org/medppp/gesch/ambiv-g.htm, S. 1 von 8.

ihn sein Leben zu opfern bereit ist. Der positive Ausgang des Stückes, der zur Heirat und Krönung Ottegebes führt, endet mit deren Satz: „Heinrich! – Nun sterb' ich doch den süßen Tod!", gemeint ist den der Liebe.[52]

Unser Trieb- und Gefühlsleben ist eine Mischung heterogener Kräfte, die antagonistisch nach entgegengesetzten Seiten streben. Meist folgen sie dicht aufeinander wie Hunger und Sättigungsgefühl, Bewegungsdrang und Ruhebedürfnis, in gewissen Fällen aber folgen sie einander so dicht, dass man von einer Simultaneität sprechen kann und damit wegen der Gegenstrebigkeit von einer Ambivalenz. Evolutionstheoretisch erklärt sich die Doppeldeutigkeit aus einer frühen Entwicklungsphase, in der Gefühle noch diffus und ununterschieden waren. Erst die weitere Entwicklung hat zu einer gewissen Differenzierung geführt.

Ambivalenzen gibt es nicht nur auf der trieblichen und emotionalen Ebene, sondern auch auf der sinnlichen, insbesondere beim Geschmacks- und Geruchssinn, gelegentlich auch beim Tastsinn. Häufig ist die Unterscheidung von süß und salzig oder heiß und kalt nicht möglich. Soll man bei einer Qualitätskontrolle die Qualität angeben, so schwankt sie derart, dass man keine eindeutige Wahl treffen kann. Die Sinne sind so diffus und indifferent, dass sie beides bedeuten können.

Auch im Bereich der visuellen Wahrnehmung gibt es häufig Fälle der Doppeldeutigkeit wie die Vexierspiele, die wir aus der Kindheit kennen, wenn aus einem Gewirr von Linien plötzlich eine konkrete Figur wie ein Hase oder Gesicht hervorspringt und ebenso plötzlich wieder im Dickicht der Striche verschwindet. Berühmt ist auch die Rubinsche Becherfigur, die sowohl als griechischer Krater wie als zwei sich anblickende Gesichter gelesen werden kann, oder das Bild einer jungen Frau mit Haarschopf, das ebenso als alte Frau mit Kopftuch und scharfem Kinn gedeutet werden kann. Der holländische Maler Maurice C. Escher hat eine Vielzahl doppeldeutiger Bilder und Lithographien konzipiert, auf denen beispielsweise nach rechts fliegende weiße Schwäne mit nach links liegenden schwarzen wechseln oder verschieden große weiße nach rechts schwimmende Fische mit entsprechenden nach links schwimmenden schwarzen. Auch Geisterhäuser sind darunter, in denen sich Konkaves und Konvexes abwechseln, oder Treppensysteme, die als relative erscheinen.[53] Diese Ambivalenzen basieren auf einem instantanen Umschlag von Figur und Grund, der bei Interessenverlagerung zustande kommt und bei Wechsel ebenso wieder zurückschlagen kann. Die-

52 Gerhart Hauptmann: *Der arme Heinrich,* in: *Sämtliche Werke*, hrsg. von Hans Egon Hass, Bd. 2, Frankfurt a. M., Berlin 1965, S. 181.

53 Vgl. Douglas R. Hofstadter: *Gödel, Escher, Bach*: ein Endloses Geflochtenes Band (Originalausgabe: *Gödel, Escher, Bach*: an Eternal Golden Braid, New York 1979), aus dem Amerikanischen übersetzt von Philipp Wolff-Windeck und Hermann Feuersee unter Mitwirkung von Werner Alexi, 14. Aufl. Stuttgart 1995.

ser Wechsel zeigt, dass im Grunde Figur und Grund gleichwertig sind, insofern der Grund eine potentielle Anzahl von Figuren enthält, die aus ihm hervortreten und auch wieder in ihm versinken können.

Nicht nur die Realität, auch und gerade die Traumwelt ist voll solcher ineinander umschlagender Gegensätze. So berichtet Sigmund Freud vom Traum eines Patienten, der im realen Leben gegenüber seinem Bruder, der es zu Ansehen und Erfolg gebracht hatte, arm und heruntergekommen war, nach einem wienerischen Ausdruck sich ‚im Parterre' befand. Im Traum jedoch bei einer Ausfahrt und Übernachtung in einem Gasthaus logierte er ‚oben', während sein erfolgreicher Bruder ‚unten' übernachtete, also gerade in Vertauschung von Wirklichkeit und Traum.

Von besonderem Interesse dürfte sein, dass sich diese Ambivalenz auch auf begrifflicher Ebene findet. Carl Abel[54] hat in einer Untersuchung *Über den Gegensinn der Urworte* insbesondere anhand des Altägyptischen, eines der wenigen Relikte aus der Frühphase der Menschheit, eine Reihe von Hieroglyphen angeführt, die doppeldeutig sind, also genau zwei oppositionelle Bedeutungen enthalten wie *unx* = ‚zudecken' und *unh* = ‚aufdecken', ‚bloßlegen' oder *ken* = ‚stark' und *ken* = ‚schwach' oder *ari* = ‚oben' und *ari* = ‚unten', ‚Boden' oder *an* = ‚wegbringen'. ‚wegnehmen' und ‚hinbringen', ‚geleiten'.[55] Er vertrat damit die These, dass gegensätzliche Begriffe ein und dasselbe Ursprungswort haben, das sich in der späteren Entwicklung aufspaltete.[56] Relikte solcher Urworte mit ambivalenter Bedeutung begegnen noch heute in etlichen Sprachen, da Sprachen extrem konservativ sind. So bedeutet deutsch ‚Boden' gleicherweise den ‚Fußboden' wie den ‚Dachboden' oder englisch *down* den ‚Berg' wie auch ‚niedrig' bzw. das ‚Tal'.[57]

In Bezug auf Gut und Böse (Schlecht) und deren Umfeld: Hell/Dunkel, heilig/verdammt finden sich sogar eine ganze Reihe ambivalenter Urbegriffe:[58]

altsächsisch *bat* = ‚gut' – englisch *bad* = ‚schlecht'
russische *blagi* = ‚gut' und ‚schlecht'
deutsch *bös* = ‚schlecht', *bass* = ‚gut'
deutsch *Monster* = ‚Ungeheuer', ‚Teufel' – *monstrare* (s. *Monstranz)* = ‚hell', ‚heilig', ‚ans Licht, in die Helle bringen', ‚zeigen',
slowenisch *bĕl-yi* = ‚hell' – *bur-yi* = ‚dunkel'
slowenische *berl–eti* = ‚brennen', litauisch *ber–as* = ‚dunkel'

54 Carl Abel: *Über den Gegensinn der Urworte*, Leipzig 1884.

55 A.a.O., S. 5 f-

56 Vgl. Abel, a.a.O., S. 5 f.

57 A.a.O., S. 42.

58 Vgl. a.a.O., S. 41 ff.

angelsächsisch *blîcan* = ‚funkeln', *blac* = ‚bleich'
englisch *gleam* = ‚Glanz' – *gloom* = ‚dunkel'
lateinisch *sacer* = ‚heilig' und ‚verflucht'

Dass Urworte implizit eine ambivalente Bedeutung haben, die später bei der zunehmenden Ausdifferenzierung des geistigen Lebens und der Sprache über mehr oder weniger geringe Abwandlungen zu eigenen Begriffen führten, dürfte damit unbezweifelbar sein.[59]

Diese Ambivalenz, die sich von der Emotionalität über die Sensitivität bis zur Konzeptualität erstreckt, deutet auf eine Relativität bei allen Opposita, so auch bei Gut und Böse, d.h. auf ein beachtliches Schwanken bei der Festlegung der Gegensätze. Alles deutet darauf, dass in der ursprünglichen psychischen Verfassung des Menschen noch eine Undifferenziertheit bestand, die erst im Laufe der Geschichte und geistigen Entwicklung in Gegensätze expliziert wurde. Wenn dies schon innerhalb einer Kultur und Sprache der Fall ist, wie viel mehr in heterogenen Kulturen und Sprachen. Angesichts dieses Tatbestandes wird man davon ausgehen müssen, dass global dieselben Objekte, Sachverhalte und Vorgänge als gut (positiv) wie als böse (negativ) bezeichnet werden können.

59 Dieser Umstand ist leider in der bisherigen Philosophie viel zu wenig beachtet worden, allenfalls von Jean Gebser und Sigmund Freud. Jean Gebser: *Ursprung und Gegenwart*, 1. Teil, Schaffhausen 2. Aufl. 1999, S. 25; Sigmund Freud: *Über den Gegensinn der Urworte*, in: *Jahrbuch für psychoanalytische und psychopathologische Forschungen*, Bd. 2 (1910) (*Gesammelte Werke*. Chronologisch geordnet, London 1943, Bd. 8, S. 214-221), siehe auch Karl Terebessy: *Zum Problem der Ambivalenz in der Sprachentwicklung*, in: Urbánek, Trnava 1944, S. 5.

3. Kapitel: Ambivalenz der Existenz: Positive und negative Aggression

Charles Darwins Formel vom *survival of the fittest*[60] ist bis heute wissenschaftlich unwidersprochen. Legte man früher *the fittest* in dieser Formel als das Stärkste, Kräftigste oder Mächtigste aus, das alle anderen zurückdrängt, eventuell besiegt und vernichtet und damit in Richtung auf das Recht des Stärkeren zielt, so ist inzwischen eine Korrektur dieser Interpretation eingetreten. *The fittest* meint den Bestangepassten an die Umwelt, den Tauglichsten zum Überleben, was gegebenenfalls auch der Kleinste, Winzigste und Schwächste sein kann, wenn er sich optimal in die Umwelt einfügt. Nicht nur der höchst Entwickelte, der höchst Differenzierte und Spezifizierte, der Intellektuellste, ist am effizientesten in der Adaptation und Einfügung in die Umgebung, sondern auch der Unterentwickeltste, Primitivste, Dümmste. Darwin ist bemüht, das labile Gleichgewicht des Gesamtorganismus Natur aufrechtzuerhalten, so dass der Qualität des Hochbegabten die Quantität der Masse und Fertilität des Primitiven gegenübersteht bzw. ständig um Ausgleich ringt.

Die Formel drückt eine Zweierrelation zwischen einem Subjekt (*the fittest*) und einem anderen aus, mag dieses ebenfalls ein Subjekt oder ein Gegenstand oder allgemein die Umwelt sein. Es handelt sich um zwei Entitäten, die um ihr Leben und Überleben ringen.

Jedes Lebewesen, das auf geschlechtliche oder ungeschlechtliche Weise entsteht, nimmt einen bestimmten Platz innerhalb der Welt ein, wächst und gedeiht bis zu seiner Reife und hält diesen Raum inne bis zu seinem Untergang, indem es ein anderes aus demselben verdrängt, mag es sich um lebende Organismen oder Elemente wie Wasser und Luft handeln, die ebenfalls raumbedürftig sind. Schon die befruchtete Eizelle, der Embryo im Mutterleib, nimmt einen bestimmten Raum ein und ernährt sich von den mütterlichen Säften. Geboren, setzt das Lebewesen sein Wachstum, seine Vergrößerung und Differenzierung fort, indem es einen immer größeren Raum beansprucht, aus diesem die anderen Lebewesen und Elemente verdrängt und zudem sich auf Kosten der anderen, seien es Pflanzen, Tiere oder Stoffe, ernährt, und dies alles auf ganz natürliche Weise. Kurzum, es erhält sich nur auf Kosten des anderen, was jedoch in gleicher Weise für das andere gilt, so dass beide in einem ständigen Existenzkampf liegen. Leben und Überleben, sei es eines Individuums, sei es einer Gesellschaft oder im übertragenen Sinne einer geistigen Kultur verlangen einerseits Selbst- und Ich-Bezogenheit,

60 Charles Darwin:.*On the Origin of Species by means of natural selection, or the preservation of favoured races in the struggle for life*, 5. Aufl. London 1869.

andererseits Verdrängung und Vertreibung des anderen, gleich, ob wir dies gut oder böse nennen. Da diese Konstellation auch für das andere gilt und somit für beide miteinander konfligierenden Existenzen, stellt sich so wieder ein Gleichgewicht von Gut und Böse ein.

Obgleich wir natürlicherweise zum Zwecke des Überlebens eine Ichhaftigkeit und Ichbezogenheit in den Vordergrund stellen und damit dem anderen schaden müssen, indem wir uns aggressiv gegen ihn verhalten, hat es sich vom moralischen Standpunkt aus eingebürgert, diese Haltung der Selbstbezogenheit als negativ, mithin als böse zu konnotieren, wohingegen der Bezug auf den anderen in Zuwendung, Nächstenliebe und Opferbereitschaft als positiv und gut bewertet wird. Konrad Lorenz war wohl der erste, zumindest einer der ersten, der in seinem Buch *Das sogenannte Böse.* Zur Naturgeschichte der Aggressivität[61] auf der Basis von Sigmund Freunds Trieblehre die ethisch positiven Aspekte auch der Aggressivität herausarbeitete. Ihm folgte Erich Fromm mit dem Buch *Anatomie der menschlichen Destruktivität*[62], in dem er ebenfalls neben den negativen, destruktiven Aspekten, die er bis in ihre Abgründe und Anomalien der Grausamkeit, des Egoismus, des Narzissmus und des Sadismus verfolgte, die positiven hervorhob und damit unsere Sichtweise auf diese Dinge veränderte, insofern das Leben und Überleben ambivalent zu betrachten ist, positiv wie negativ.

Es sind drei Aspekte, die Lorenz als positiv an dem aggressiven Trieb hervorhebt: *erstens* die angemessene Verteilung gleichartiger Lebewesen über den verfügbaren Lebensraum, *zweitens* die Selektion des Besten durch Rivalitätskämpfe und *drittens* die Verteidigung der Nachkommenschaft.[63]

Die Zurückdrängung und Verdrängung des anderen, gegebenenfalls sogar durch Vernichtung und Verzehr, zeigt sich im Verhältnis aller Lebewesen untereinander. Sie fällt unter den Begriff der Agressivität. Der Begriff geht zurück auf das lateinische *aggredior,* abgeleitet von *ad* und *gradus* = ‚Schritt' und meint einen transitiven Vorgang auf einen anderen oder auf ein Ziel hin, freilich nicht in friedlicher, sondern feindlicher Absicht. Aggression verbindet sich für uns unter den Kategorien von Gut und Böse normalerweise mit dem Bösen.

Dabei ist zu unterscheiden zwischen ungleichartigen und gleichartigen Lebewesen. Was die ersteren betrifft, so ernährt sich eine Art von der anderen: Der Löwe als Fleischfresser erlegt kleinere oder schwächere Tiere wie Zebras, Gazellen, Gnus usw., diese ernähren sich vegetativ von Gras; Pflan-

61 Konrad Lorenz: *Das sogenannte Böse.* Zur Naturgeschichte der Aggression, Wien 1963, 5. Aufl. 1964, S. 35 ff. (Kapitel: Wozu das Böse gut ist.), bes. S. 66.

62 Erich Fromm: *Anatomie der menschlichen Destruktivität* (Titel der Originalausgabe: *The Anatomy of Human Destructiveness,* New York, Chicago, San Francisco 1973), deutsche Ausg. Stuttgart 1974.

63 Vgl. Konrad Lorenz: *Das sogenannte Böse,* a.a.O., S. 65 f.

zen ernähren sich von Wasser und Mikrobiologismen im Erdreich, diese wieder zersetzen als Parasiten mehr oder weniger große Körper usw., so dass ein Kreislauf des Lebens resultiert, in dem eines für das andere als Nahrung zum Wachsen und Gedeihen dient, so dass alle in der Gesamtsicht und -beurteilung einen Vorteil und Nachteil voneinander haben und das Ganze sich in einem Gleichgewichtszustand befindet, den man nicht nur als negativ (böse) bewerten kann, sondern ebenso als positiv (gut).

Gleichartige Lebewesen verdrängen sich meist nur ohne Tötungsabsicht. Eine Tötung erfolgt lediglich unter bestimmten Bedingungen, wobei verschiedene Thesen vertreten werden: Die eine nennt Not- und Zwangssituationen, die keinen anderen Ausweg lassen als den der Vernichtung des anderen, die andere, dass Kämpfe auf Leben und Tod nur unter höheren Lebewesen stattfinden und historisch entstanden sind, wieder eine andere, dass es sich um Dekadenzerscheinungen handelt.[64] Konzentrieren wir uns vorerst auf die Agressivität ohne Tötungsabsicht.

(1.) Eine wesentliche Funktion der Aggression bei gleichartigen Lebewesen, wozu auch die Menschengattung gehört, ist die Raumbehauptung bzw. das Abstandhalten. Alle Lebewesen benötigen einen gewissen, mehr oder weniger großen Lebensraum zur Existenz und Selbstbehauptung, der ihnen zur Erfüllung ihrer Grundbedürfnisse dient, wie Nahrungsquelle (Jagdgebiet), Rückzugsraum (Schlaf- und Ruheraum), Bewegungs- oder Arbeitsraum (Raum der Wirksamkeit). Von Tieren wird er meist durch Duftmarken markiert: Bären reiben sich an Bäumen, um Schweißmarken abzusetzen, die von Rivalen und Kontrahenten erkannt werden, Vögel markieren ihr Habitat durch Gesang, Tiger und Leoparden setzen an bestimmten Stellen Urinmarken ab, Menschen zäumen die von ihnen beanspruchten Gebiete ein usw.

Jeder Nachwuchs, ob bei Bibern, Wölfen oder Tigern, muss sich ein neues Gebiet suchen und erobern, da das alte von seinen Vorgängern oder der Familie besetzt ist, und jeder fremde Eindringling und Angreifer wird aggressiv von den Inhabern des alten Gebietes abgehalten und notfalls zurückgedrängt und in die Flucht geschlagen.

Dies gilt auch für den Menschen zwecks Erhaltung seiner Individualität und Art. Lorenz[65] führt als Beispiel an, dass jeder Arzt, Kaufmann oder Fahrradhändler, sofern er sich in einem bestimmten Gebiet niederzulassen gedenkt, gut beraten ist, sich dort anzusiedeln, wo er weit genug vom anderen entfernt lebt, um ein hinreichendes Auskommen zu haben. Eine zu dichte Ansiedlung der Berufe nähme jedem die Möglichkeit, ein hinreichendes Auskommen zur Existenzbehauptung zu haben.

64 Dazu später. S. 46 ff. dieser Arbeit.

65 Konrad Lorenz: *Das sogenannte Böse,* a.a.O., S. 48.

Wie sehr dieses Abstandsbedürfnis besteht, bezeugt die Verhaltensforschung. Es ist bekannt, dass wir bei zu engem Raum und Aufeinanderrücken, bei zu enger Privatsphäre oft nach Luft ringen und eine Bewegung nach Weitung vollziehen, verbunden mit dem Ausruf: „Ich ersticke, ich brauche mehr Platz zum Atmen." Es handelt sich hier um ein Grundbedürfnis des Menschen wie auch anderer Lebewesen.

Wer es sich leisten kann, lebt auf großem Fuß, in großzügigen Wohnungen oder im Eigenheim. In der Renaissance und im Barock, im Zeitalter des Absolutismus, bauten sich Herrscher je nach Vermögen und Macht riesige Schlösser und Paläste wie Ludwig XIV. Versailles oder die Zaren den Winterpalast in St. Petersburg, selbst wenn sie nur eines von ihnen bewohnten und die anderen leer standen und selbst wenn sie im bewohnten Schloss nur einen Trakt bezogen, der König oder Fürst seine Privatgemächer auf dem einen Flügel, die Königin oder Fürstin auf dem anderen.

Zu welchen Problemen und Konflikten eine größere Dichte der Population oder gar eine Überbevölkerung führt, dokumentieren Beispiele und Experimente aus der Tierforschung an Primaten im Zoo und in Gefangenschaft. H. Kummer[66] und Vernon Reynolds[67] untersuchten in verschiedenen Gehegen der Schweiz und Englands das Verhalten von Pavianen und Rhesusaffen und stellten übereinstimmend im Vergleich mit wild lebenden Tieren eine Zunahme von Aggressivität fest mit Beißereien und Verwundung. Die Intensivierung der Aggression war an der Tagesordnung.

Dasselbe ließ sich an Menschen während der Corona-Pandemie 2019-23 konstatieren. Das teils freiwillig gewählte, teils angeordnete Home Office brachte durch das engere Zusammenleben und Aufeinanderrücken der sonst getrennt arbeitenden Partner enorme Probleme mit sich und führte nicht nur zu Streitereien, sondern auch zu Handgreiflichkeiten und Schlägereien. Frauen waren überfordert, jetzt allein Kinderaufsicht, Schularbeitenkontrolle, Hausarbeit, Einkauf und Beruf miteinander zu verbinden. Die Männer waren die Hausarbeit gar nicht gewöhnt. Es kam vermehrt zu Konflikten und Brutalität.[68]

66 Vgl. Claire Russell und William Moy Stratton Russell: *Violence, Monkeys and Man*, London, Melbourne, Toronto 1968.

67 Vernon Reynolds: *The Social Life of a Colony of Rhesus Monkeys (Macaca mulatta)*, Ph.D. thesis, University of London 1961, zitiert bei Claire und William Moy Stratton Russell: *Violence, Monkeys and Men*, a.a.O., dies.: *Violence:* What Are Its Roots? New Society (24. Okt. 1968), S. 595-600.

68 Erich Fromm: *Anatomie der menschlichen Destruktivität*, a.a.O., S. 96 ff., wendet zwar ein, dass es nicht die Bevölkerungsdichte als solche sei, obwohl sie meist mit Überbevölkerung und Enge gleichgesetzt wird, welche vermehrte Aggressionen auslöst. Menschen seien fähig, dicht beieinander zu wohnen und friedlich zusammenzuleben, wenn es sich um Gesinnungs- und Glaubensgemeinschaften handle. Auch in Dörfern habe man kaum Privatleben, da jeder jeden kennt und beobachtet. Es seien vielmehr die sozialpsychologischen, kulturellen und ökonomischen Verhältnisse, die vermehrte Aggressionen auslösten. Nur Bevölkerungsdichte zu-

Dasselbe Problem stellt sich angesichts der immensen Migrationsströme, die sich teils aus Gründen von Krieg und Vertreibung, teils aus Suche der Menschen nach besseren ökonomischen Lebensbedingungen über Europa und Amerika ergießen. Sie treffen zumindest in Europa auf ein sowieso schon dicht besiedeltes und bebautes Land, das wenig Freiräume bietet. Die letzten Grünflächen und Weiden sind bereits für die Überbauung genutzt, Wälder mussten Neubaugebieten weichen. Da eine Erweiterung des Wohnraumes in die Breite nicht möglich ist, wurden immer mehr Hochhäuser in schwindelerregende Höhen gebaut, wo die Menschen übereinander leben und sich mit gegenseitiger Lärmbelästigung stören. Die Folge dieser Überbelegung ist nicht nur, dass Städte und Kommunen die Kosten nicht mehr stemmen können, sondern vor allem, dass eine Überfremdung damit einhergeht. Auf der Insel Sylt kommen beispielsweise auf einen Einwohner sechs Fremde, was zu Unmut führt und bei den Einheimischen das Gefühl erzeugt, nicht mehr Herr im eigenen Haus zu sein. In Großstädten wie Berlin, Bochum, Essen haben sich Parallelgesellschaften gebildet, da verständlicherweise Landsleute mit derselben Sprache, Sitte und Kultur sich eher zueinander hingezogen fühlen als zu den ihnen fremden Einheimischen. Kitas, Schulen, Berufsausbildungsstätten sind überbelegt und bieten nicht allen mehr Platz, oder sie stehen überhaupt nicht zur Verfügung.

(2.) Eine zweite positive Funktion der Aggression sieht Konrad Lorenz in den Rangkämpfen artgleicher rivalisierender Tiere, in denen jeder seine angeborenen oder erworbenen Fähigkeiten misst und der Stärkere den Sieg davonträgt. Diese Kämpfe haben zwei Aufgaben zu erfüllen: Zum einen qualifiziert ein solcher Kampf den Stärkeren zur Weitergabe seiner Gene an die nächste Generation, zum anderen befähigt er ihn aufgrund seiner Autorität zur Führerschaft der Gruppe und damit zur Aufrechterhaltung von deren Ordnung und Stabilität.

Rivalitätskämpfe haben nicht das Ziel, den Gegner zu töten, sondern den Stärkeren auszumachen. Tötung erfolgt nur ausnahmsweise und zufällig, etwa wenn die Geweihe kämpfender Hirsche sich verhaken und nicht lösen lassen oder die Bisswunde eines Affen so tief ist, dass er daran stirbt.

Der bekannteste Fall einer unbeabsichtigten Tötung bei Menschen war der Tod Heinrichs II. von Frankreich auf dem Turnierplatz, in deren Folge seine Witwe Katharina von Medici die Regentschaft für ihren damals noch unmündigen Sohn übernahm. Im Turnierkampf war Heinrich von der Lanze seines Gegners, des Grafen Montgommery, seinerzeit des berühmtesten

sammen mit Armut, Stress, beschränkter Unterkunft, mangelnder sinnvoller Freizeitgestaltung führten zu vermehrter Aggressivität. M.E. können diese Faktoren hinzukommen und die Prozesse beschleunigen, mir scheint es aber schon die physische Nähe zu sein, die zu geringen Freiräume, welche vermehrte Aggressivität auslösen.

Turnierkämpfers, an der Stirn getroffen und durchbohrt worden, so dass er einige Tage später am 10. Juli 1559 verstarb. Die mittelalterlichen ritterlichen Turnierkämpfe, die Wett- und Schaukämpfe waren, waren den tierischen Rivalenkämpfen abgeschaut und nachempfunden und hatten ebenfalls ursprünglich die Eruierung des Stärkeren zum Ziel.

Zu den bekanntesten Rivalitätskämpfen im Tierreich gehören im Herbst die durch unüberhörbares Röhren eingeleiteten Kämpfe der Hirsche, in denen diese ihre Kräfte messen. Ebenbürtige Gegner werden von fern vom Platzhirsch herbeigerufen, der sein Revier und seine Herde von Hirschkühen zu verteidigen sucht. Der Unterlegene, ob der Herbeigerufene oder der Platzverteidiger, erhält die Herde und damit die Macht über die Weibchen. Dies alles geschieht im Rahmen eines natürlichen Zuchtprogramms, das die Weitergabe der besten Gene garantiert. Es handelt sich hier um eine natürliche Zuchtauswahl durch Konkurrenzkampf.

Die zweite Aufgabe des Siegers ist die Führerschaft einer zumeist hierarchisch organisierten Gruppe nach der sogenannten Hackordnung, englisch *pecking order*. Sie bestimmt, dass der Sieger an der Spitze steht und aufgrund seiner Autorität die Ordnung der Gruppe aufrechterhält. Er sorgt dafür, dass die Aggressivität der Mitglieder sich insgesamt nach außen gegen Feinde richtet, nicht nach innen gegen die eigenen Angehörigen, erst recht nicht gegen die Schwächeren oder Schwächsten der Gruppe. Diese werden vielmehr durch seine Autorität geschützt, so dass jeder sein Auskommen hat. Das bedeutet auch, dass seine Autorität für die Stabilität der Gruppe sorgt. Diese Autorität zeigt sich beispielsweise darin, dass in einer rastenden Vogelschar nur bei Auffliegen des Ältesten, der zumeist aufgrund seiner Erfahrung auch der Anführer ist, die ganze Gruppe sich erhebt, während das Aufliegen eines Jungvogels wirkungslos verhallt. Man hat durch Experimente herausgefunden, dass Affen, die durchaus des Lernens durch Nachahmung fähig sind, nur ranghöhere Artgenossen imitieren; ein jüngeres, rangniederes Tier, das man mit einem bestimmten Lernerfolg trainierte – es handelte sich um eine komplizierte Manipulation, Bananen aus einem bestimmt konstruierten Kasten herauszuholen –, blieb ohne Wirkung auf die anderen; es war nicht vertrauenswürdig genug.[69] Autorität ist immer an Erfahrung, Praxis, Übersicht und Einsicht gebunden und, da dies zumeist ein langes Leben voraussetzt, an Alter.[70] Gleichwohl müssen Autorität und Autoritätsgläubigkeit immer wieder erkämpft und durchgesetzt werden.

69 Vgl. Konrad Lorenz: *Das sogenannte Böse*, a.a.O., S. 70.

70 Diese natürliche Zuordnung ist allerdings in der Moderne verkehrt worden, dadurch dass die Alten eine Abwertung und die Jungen eine Aufwertung erfahren haben. Bei beruflicher Einstellung werden Personen meist nur noch bis zum 30. Lebensjahr eingestellt, später gelten sie als veraltet. Das hängt damit zusammen, dass im heutigen Berufsleben Erfahrungswissen we-

(3.) Eine weitere positive und insofern gut zu nennende Funktion ist die Schutzfunktion, die der Verteidigung der Gruppe dient, handle es sich um eine Horde oder um eine Gesellschaft oder insbesondere um die Familie und den Nachwuchs. Sie wird als besonders positiv empfunden, da im Nachwuchs das Ich weiterlebt. Zudem gilt es im Nachwuchs die Art zu erhalten. Der Angreifer gehört meist einer fremden Spezies an, allerdings nicht immer.

Die Verteidigung des Nachwuchses erfolgt entweder gemeinsam durch die Eltern oder allein durch Vater oder Mutter oder bei Fehlen derselben durch Verwandte und Nachbarn. Bei der Gruppe tritt der Stärkste, der sich als Anführer herausgestellt hat, in die vorderste Front, die anderen gemäß ihrem Status und ihrer Ranghöhe. Ihnen obliegt, die Gruppe im ganzen und in ihrer Struktur zu erhalten.

Abgesehen davon, dass der Bau von Häusern, Hütten, Nestern, Höhlen u.ä. Schutz gewährt, haben Tiere und Menschen die verschiedensten Strategien zur Verteidigung entwickelt, um sich und die anderen zu schützen, sei es durch Ablenkung des Gegners durch Rufe in die genau entgegengesetzte Richtung, wie dies oft bei bodenbrütenden Vögeln geschieht, durch Warnrufe von Spähern oder wenn die Abschreckung durch Drohgebärden wie Vergrößerung, Grimassenschneiden, Fauchen nichts nützt, durch Kratzen und Beißen, die aber nicht auf den Tod des Gegners abzielen, sondern auf dessen Vertreibung. Die Attacken erfolgen auf die Schwachstellen des Gegners. So attackieren Vögel die sich dem Nest nähernden Schlangen durch Sturzflüge und Hacken auf deren Kopf. Es sind oft dieselben Strategien, die bei der Beuteerlegung angewendet werden, nur dass sie hier der Vertreibung und nicht der Tötung des Gegners dienen.

Eine schwierige Frage stellt sich, wann Rivalitäts- und Dominanzkämpfe ohne Absicht auf Todesfolge oder Verteidigungskämpfe des eigenen Lebensraumes in Eroberungskämpfe, d.h. in solche mit der Absicht auf Todesfolge umschlagen. Hier geht es um die Frage des Ursprungs von Krieg.

Unter Krieg versteht man eine gewaltsame, feindliche Auseinandersetzung zwischen zwei Individuen – diese wird meist Kampf genannt – oder zwischen mehreren Personen – hier sprechen wir explizit von Krieg –, handle es sich um Familien, Clans, Dorfgemeinschaften, Völker oder Staaten, kurzum, um Gruppen. Beim Krieg geht es nicht nur um die Feststellung von Rangordnung, um die Verteidigung von Vitalinteressen wie Territorium, Ressourcen, Nahrungsquellen u.ä. oder um den Schutz seiner selbst, seiner Angehörigen und Nachkommen, sondern um die Vertreibung und letztlich Vernichtung des Gegners, wobei bewusste körperliche Verletzung bis hin zu

niger geschätzt wird als Intelligenz, rasche rationale Einarbeitung sowie handwerkliches Geschick und Flinkheit.

Tötung und Ausrottung des Gegners und Zerstörung seines Lebensraumes (‚verbrannte Erde') beabsichtigt ist. Dieser Umschlag von der bislang positiv konnotierten Aggressivität in eine negative, destruktive Variante kennzeichnet die Entstehung des eigentlich Bösen.

Dieses Verhalten lässt sich bereits im Tierreich beobachten, so bei den uns verwandten Tierarten wie den Schimpansen. Beobachtungen belegen, dass Schimpansengruppen andere, benachbarte aus deren angestammtem Gebiet vertreiben, sogar töten durch direkte Bisse.[71] Die Ursachen dieser Vertreibung und Tötung liegen wahrscheinlich in Störungen ihres eigenen Habitats, beispielsweise durch Abholzung der Wälder durch Einheimische oder fremde Holzfäller. Im Vergleich mit anderen uns verwandten Affenarten gibt es allerdings auch solche wie die Bonobos, die ein friedlicheres Sozialleben führen. Zwischen diesen beiden Verhaltensarten hat die Evolution des Menschen eine Richtung genommen, die neben der Friedfertigkeit auch das Bedürfnis nach Krieg und damit den Umschlag der positiven Aggressivität in die negativ vorsieht. Das Zustandekommen der letzteren mag man dadurch erklären, dass der Mensch den wilden Tieren wie Löwen oder Tigern deren aggressives Verhalten gegenüber anderen Tieren, nämlich die Tötung und anschließende blutige Zerfleischung, abgeschaut und in Krieg (wozu auch Kopfjagd gehört) und Kannibalismus realisiert hat.

Während die Beschreibung der Naturvorgänge allerdings rein deskriptiv und neutral ist, kommt bezüglich des Menschen eine moralisierende Bewertung von gut und böse ins Spiel. Auf die Natur kann eine solche nicht angewandt werden, weil sie kein bewusster, frei handelnder und entscheidender Akteur ist wie das menschliche Subjekt. Eine moralische Beurteilung findet erst Eingang mit Bewusstsein, Selbstbewusstsein und der Entscheidungsfreiheit für diese oder jene Richtung, selbst wenn der Freiheitsbegriff bei genauerer Analyse unhaltbar sein und sich als bloßer Schein erweisen sollte, hinter dem in Wahrheit genetische Faktoren und Zwangsläufigkeiten stehen. Mit dem Umschwung der positiv konnotierten defensiven Aggressivität in die negative, die der bewussten Schädigung des anderen gilt, setzen wir zugleich den Übergang vom Natur- zum Kulturprozess und unterwerfen die zweite Hälfte der Aggressivität in Richtung Krieg moralisierenden Kategorien.

71 Vgl. Gerhard Neuweiler: *Kriege im Tierreich?*, in: *Formen des Krieges.* Von der Antike bis zur Gegenwart, hrsg. von Dietrich Beyrau, Michael Hochgeschwender, Dieter Langewiesche, Paderborn, München, Wien, Zürich 2007, S. 503-520; Richard Wrangham, Dale Peterson: *Bruder Affe.* Menschenaffen und die Ursprünge menschlicher Gewalt (Titel der Originalausgabe: *Demonic Males – Apes and the Origin of Human Violence,* London), aus dem Englischen von Götz Ferdinand Kreibl, München 2001; Steven A. LeBlanc with Katherine E. Register: *Constant Battles.* Why We Fight, New York 2004, Kapitel 4 (Our Earliest Past), S. 77-99; *Schimpansen führen Krieg im Dschungel*, in: *BZ.* Die Stimme Berlins, 22.6.2010, https://www.bz-berlin.de/archiv-artikel/schimpansen-fuehren-krieg-im-dschungel; *Krieg der Affen*, in: *Der Spiegel*, Nr. 22 (1997), S. 191, online https://www.spiegel.de/wissenschaft/krieg-der-affen-a-e590ddf4-0002-0001-0000-000008720145.

Feindlich destruktive Auseinandersetzungen lassen sich bis in die Frühzeit der Menschheit zurückverfolgen. Auf solche schließt man aus dem Mauerbau um Siedlungen wie Jericho[72] oder Uruk,[73] der Planungsaufwand und mühevolle Arbeit erforderte und feindliche Attacken abwehren sollte, oder aus späterer Zeit aus Verteidigungsanlagen auf Hügeln wie die Heuneburg.[74]

Wie frühe kriegerische Auseinandersetzungen ausgesehen haben mögen, lässt sich noch heute an den Kriegspielen und Schaukämpfen von Naturethnien, z.B. in Papua-Neuguinea, etwa im Baliem Valley studieren und nachempfinden. Bei solchen Fehden treffen zwei verfeindete Stämme mit Pfeil und Bogen aufeinander und trachten sich gegenseitig zu verwunden, was im Laufen und Aufeinanderzustürmen relativ schwierig ist und nicht immer zu wirklich tödlichen Verletzungen führt.

Kriege haben seit der Frühzeit der Menschheit nicht nur an Anzahl zugenommen, sondern auch an Modernisierung der Waffen, indem an die Stelle des personalen Kampfes Mann gegen Mann mit Dolch oder Schwert, Lanze oder Speer Schlachten auf Schlachtfeldern mit großen Heeren getreten sind und heute der anonyme Kampf mit Waffen wie Bomben, Raketen und Drohnen. Zu den zwar geächteten, aber immer wieder eingesetzten Kriegsmitteln gehören auch die chemischen und biologischen Waffen. Geändert hat sich auch die Modalität. Als modernste Form der Kriegsführung erweist sich heute der Wirtschaftskrieg mit gegenseitiger Wirtschaftsspionage, Wirtschaftssanktionen und Zerstörung der Infrastruktur eines Landes. Die wirtschaftliche Auseinandersetzung und inzwischen auch die technologische und informatorische Entwicklung einschließlich der Künstlichen Intelligenz dürften immer wichtiger und effektiver werden, da sie die Voraussetzungen der militärischen Auseinandersetzung bilden.

An die Stelle der antiquierten traditionellen Kriegsführung, wie sie noch Putin durch militärischen Einfall in die Ukraine anwendete, ist als moderne, schleichende Form der Kriegsführung die illegale Migration getreten, bei der Menschen aus armen oder korrupten Staaten in wirtschaftlich prosperierende millionenfach einfallen auf der Suche nach besseren Lebensbedingungen und aus humanitären Gründen an der Grenze nicht abgewiesen, sondern im angestrebten Land mehr oder weniger gern geduldet werden.

72 Die frühesten dortigen Mauerreste stammen aus dem Neolithikum.

73 Die große Stadtmauer wird im *Gilgamesch-Epos* besungen.

74 Die Heuneburg ist eine vor- oder frühgeschichtliche befestigte Ansiedlung am Oberlauf der Donau unweit von Sigmaringen im gleichnamigen baden-württembergischen Landkreis, bei der es sich um eine frühkeltische Anlage, möglicherweise um einen Fürstensitz aus dem sechsten Jahrhundert vor Christus, handelt. Jericho ist eine der ältesten Siedlungen der Welt am Westufer des Jordans, bei der Spuren vermutlich einer Verteidigungsanlage bis ins zehnte Jahrtausend vor Christus zurückgehen. Aus der frühen Bronzezeit (3300-2000 v. Chr.) sind dort zwei Ringmauern nachweisbar, die bereits auf eine städtische Kultur hinweisen und kriegerische Auseinandersetzungen vermuten lassen.

Selbst Straffällige schickt man nicht in ihre Heimatländer aus humanitären Gründen zurück, da sie dort harte Strafen, gegebenenfalls die Todesstrafe zu gewärtigen hätten. Zunächst übernehmen die Migranten niedere Jobs, arbeiten sich mit der Zeit in höhere Berufe vor und schließlich in die höchsten Ämter der Verwaltung und des Staates und okkupieren so ein Land, was inzwischen auch Putin als eine Kriegstaktik erkannt hat und forciert, indem er Migrationsströme in Länder wie Deutschland schleust.

Mögen die Schilderungen früherer Kriegsführung wie die des griechischen Historikers Thukydides vom Peloponnesischen Krieg oder die des Dreißigjährigen Krieges durch Grimmelshausen in seinem Roman *Simplicissimus* auch unvorstellbar grausam sein mit Kopfabschlagen und Verstümmelung und Verteilung der Leichen über die Schlachtfelder, mit Niederbrennen von Häusern und ganzen Städten, so sind die heutigen Kriege nicht weniger grausam, auch wenn sich die Angreifer hinter anonymen Waffensystemen verstecken und sich damit dem persönlichen Erleben entziehen können. Zudem haben sich die vielen Kleinkriege früherer Staaten zu Weltkriegen mit Millionen von Opfern ausgeweitet.

Bezüglich von Kriegen unterscheidet man Anlass, Ursachen und Gründe. Der Anlass eines Krieges kann ein natürlicher, zufälliger oder künstlich hergesuchter sein wie der, den Hitler zum Einmarsch in Polen benutzte, der zum Zweiten Weltkrieg führte. Bei diesem ging es um die inszenierte Besetzung des schlesischen Reichssenders Gleiwitz durch getarnte SS-Leute, die sich als Polen ausgaben. Die Ursachen oder Beweggründe von Kriegen sind vielfältiger Art: Sie bestehen in Gebietsansprüchen, in Konkurrenz um Ressourcen (Bodenschätzen wie Gas und Erdöl, seltenen Mineralien wie Lithium zur Halbleiterproduktion), in Ansprüchen auf Vormachtstellung, in sozialer Ungerechtigkeit u.ä. Nach der Ursachenforschung Erich Fromms[75] liegen diese, wie er sie anhand des Ersten Weltkrieges schildert, vor allem in kühlen rationalen Erwägungen, nicht in triebgesteuerter psychischer Aggressivität:

> „Im großen und ganzen kann man sagen, daß die Kriegsziele der Deutschen im Ersten Weltkrieg auch ihre Hauptbeweggründe dafür waren, wirtschaftliche Hegemonie in West- und Mitteleuropa und Gebietszuwachs im Osten [...]. Die Ziele und Beweggründe der westlichen Alliierten waren ähnlicher Art. Frankreich wollte Elsaß-Lothringen, Rußland die Dardanellen, England wollte Teile der deutschen Kolonien und Italien wenigstens einen kleinen Anteil an der Beute.“[76]

75 Erich Fromm: *Anatomie des der menschlichen Destruktivität,* a.a.O., S. 190.

76 A.a.O., S. 190.

Auf der Basis von Rationalität allein lassen sich jedoch keine Kriege führen, dazu gehört immer auch eine psychologische Motivation, die notfalls von Kriegstreibern bewusst geschürt wird, wenn beim Volk keine Kriegslust oder Kriegsmüdigkeit herrscht.

Letztlich geht es bei den Ursachen um den Kampf ums Überleben und damit um Durchsetzung seiner Ansprüche auf Vormacht oder Gleichstellung mit anderen Ländern. Zu kleine Länder sind ohnmächtig gegenüber größeren Nachbarn.[77] Wer nicht über genügend Alliierte verfügt, wird leicht unterjocht und ausgelöscht wie die Palästinenser im Gazastreifen, denen nicht einmal ihre arabischen Nachbarn und Stammesverwandten beistehen; wer nicht im Besitz von Rohstoffen oder Know-how ist, verliert im Wirtschaftswettbewerb, wer nicht über den neuesten Stand von Technik und Technologie, von Informatik und Künstlicher Intelligenz verfügt, unterliegt im Wettrennen. Es ist also letztlich die Angst, im Kampf ums Überleben zu verlieren oder ins Hintertreffen zu geraten, und damit psychologisch die Not des Überlebens, die zum Krieg zwingt. Ob Vernunft, Einsicht, Überlegung, Bildung, pädagogische Disziplinierung u.ä. diese Angst zu überwinden vermögen, scheint fraglich, da es immer wieder impulsive Ausbrüche und Entladungen aufgestauter triebhafter Energie gibt, die Kriege auslösen und befeuern. Die Mäßigung der Triebe wäre die einzige Möglichkeit, kriegerische Auseinandersetzungen zu vermeiden, doch ist diese schwer zu erreichen, insbesondere wenn die gesamte kulturelle Ausrichtung materialistisch auf Gier, Konsum und Konkurrenz abgestellt ist und der Devise vom ‚immer mehr' folgt, die gerade das Gegenteil favorisiert.

Naturethnien wie in Papua-Neuguinea und in den Anden haben daher die kluge Einrichtung ersonnen, zumindest einmal im Jahr ein extensives, ausschweifende Fest unter Aufsicht eines Meisters zu veranstalten, in denen alle Hemmungen fallen und Ausschweifungen jeder Art, auch sexueller wie Promiskuität, möglich sind, so dass die Teilnehmer die übrige Zeit wieder gemäßigt und ruhig zusammenleben und miteinander auskommen können. Denn das für jedes gesellschaftliche Zusammenleben erforderliche Maßhalten, die Selbstbeherrschung und Selbstbeschränkung, führt zu einem Stau der Emotionen, der sich bei Überquellen Bahn bricht und zu kriegerischen Auseinandersetzungen führt.

Die lange Friedensphase von bisher 60 Jahren seit dem Zweiten Weltkrieg, welche bislang einmalig in der Geschichte ist,[78] weckt das Begehren nach Veränderung, zumal zwischenzeitlich beträchtliche Entwicklungen und Veränderungen stattgefunden haben, die ein neues Austarieren der

77 Aus diesem Grunde hat die EU jedes noch so kleine Mitgliedsland mit demselben Stimmrecht ausgestattet, da die kleineren Länder sich sonst übergangen fühlen.

78 In der Antike galt bereits der 16 Jahre währende Friede zwischen Athen und Sparta als ‚goldenes Zeitalter'.

Kräfte erforderlich machen. Da unter dem Zwangsjackett der alten Nachkriegsordnung dieses nicht stattfand, sondern bewusst und willentlich unterdrückt wurde, wird der Ruf nach einer neuen Weltordnung von Staaten, die sich benachteiligt fühlen, da sie ökonomisch, technisch und intellektuell aufgeholt haben und sich nun gleichberechtigt wähnen, erforderlich. Die Durchsetzung der Ansprüche kann auf elegantere Art erfolgen wie durch den Bau der Seidenstraße durch China oder polteriger wie bei Putin durch kriegerischen Einfall in die Ukraine. Während auf der einen Seite das lange Wohlleben in Wohlstands- und Überflussgesellschaften, die lange oft unausgefüllte Freizeit, die das Ergebnis der Arbeitszeitverkürzung von fünf auf vier und noch weniger Arbeitstage ist[79] und damit Langeweile erzeugt, zu Dekadenzerscheinungen wie im alten Rom und zu Kriegsmüdigkeit führt, führt auf der anderen Seite der Stau der aggressiven Triebe zur Gefahr des Überlaufens des Fasses, zu Kriegstreiberei. Der Mensch muss erst lernen, mit Frieden und Freizeit umzugehen. Wie im Leben aktive, geschäftige und passive, ruhige Phasen wechseln und jede nach Veränderung ruft, so scheint dies auch im Falle von Krieg und Frieden der Fall zu sein.

Es gibt noch andere, tiefer liegende genetische Gründe für den Ausbruch von Kriegen, die sich aufgrund eines Analogieschlusses aus dem Tierreich nahelegen.[80] Man hat beobachtet, dass Tierstaaten wie Bienen, Termiten, Ameisen, Ratten usw., die eigentlich Großfamilien bilden, die auf ein bestimmtes Elternpaar zurückgehen und durch bestimmte Erkennungsmerkmale wie Geruch charakterisiert sind, wenn sie untereinander vermischt werden, wild und zügellos aufeinander losgehen und sich zu töten versuchen.[81] Während die Anzahl der Angehörigen einer und derselben Sippe oder eines und desselben Rudels noch so groß sein kann, ohne dass die Mitglieder sich gegenseitig attackieren, werden Fremdlinge nicht geduldet. Dies mag auch erklären, warum das angebliche Ideal des Multikulti, der Vermischung unterschiedlicher Völker durch Einwanderung, nicht gelingt. Die Sinuierung der Tibeter durch die massive Ansiedlung von Han-Chinesen in Tibet, ebenso die Transmigrasi-Politik der indonesischen Regierung, die die Umsiedlung von Bewohnern anderer Inseln nach Westpapua vorsah zum Schutz der Freeport-Mine (Gold, Silber, Kupfer) bei Timika, aus der sich fast der gesamte indonesische Staatshaushalt finanziert, ist misslungen und hat zu ständigen militärischen Auseinandersetzungen und Völkermord an den Eingeborenen geführt. Amerika hat den Rassenausgleich zwischen Weißen und Schwarzen bis heute nicht zustande gebracht und ist nur über den

79 Siehe die 35-Wochenstunden der deutschen Lok-Gewerkschaft.

80 Allerdings lassen sich solche Analogien auch kritisch betrachten, s. Erich Fromms Kritik an Konrad Lorenz' Analogien aus dem Tierreich (Erich Fromm: *Anatomie der menschlichen Destruktivität,* a.a.O., S. 20 ff.).

81 Vgl. Konrad Lorenz: *Das sogenannte Böse,* a.a.O., S. 227 ff.

Südstaatenkrieg zu einer äußeren politischen Einheit mit einheitlicher Regierung bei ansonsten weitgehender Autonomie der Staaten (USA = United Nations of America) verbunden, nicht aber zusammengewachsen. Auch der immer wiederkehrende und aufflammende Fremdenhass in Einwanderungsländern wie Deutschland, Frankreich, den Niederlanden usw. und mit ihm die Furcht vor Überfremdung mag sich auf diese Weise erklären.

4. Kapitel: Einfluss von Genen und System

Man ist sich wissenschaftlich darüber einig, dass die Entstehung des Bösen ebenso wie die des Guten im Verständnis jeder Kultur teils auf die genetische Veranlagung der Person, teils auf die Umwelteinflüsse wie das jeweilige System, in dem die Person lebt, zurückgeht. Beide Faktoren sollen Thema dieses Kapitels sein. Zu beachten sind dabei zwei Aspekte, ein allgemeiner und ein individueller: Zum einen ist der genetische Pool des Menschen als Homo Sapiens seit seiner Entstehung in Rechnung zu stellen, zum anderen die jeweilige Individualität, bei der die psychische Verfassung eine besondere Rolle spielt. Bezüglich des Systems, die Umwelt, sind das Systemische überhaupt wie dessen Besonderheit zu beachten.

Das Humangenom (Erbgut des Menschen) wurde in einer langen Evolution in Auseinandersetzung mit der Umwelt entwickelt und geprägt. Seit 2022 ist es nach Auskunft der Genetiker vollständig entschlüsselt und wird mit ca. 25‘500 verschiedenen Genen angegeben, die mit ihren Informationen den Bauplan des menschlichen Organismus festlegen.[82] Bei der Analyse und beim Vergleich der Gene fand man spezifische Genabschnitte heraus, die für bestimmte Anlagen wie auch für bestimmte Krankheiten verantwortlich sind, u.a. das MAOA-Gen (Monoaminoxidase), von dem eine Variante (L) für Unkalkulierbarkeit, Aggressivität und Gewaltbereitschaft verantwortlich sein soll, also für das, was wir das Böse nennen. Diese Variante wird inzwischen auch als Killer-Gen bezeichnet oder als Warrior-Gen (nach A. Gibbons). Der Begriff Warrior-Gen wurde populär durch die massenhafte mediale Verbreitung des Begriffs, nachdem er auf dem 13. internationalen Congress of Human Genetics 2006 in Melbourne mit den kriegerischen Maori in Verbindung gebracht worden war und deren Ausbreitung im südpazifischen Raum erklären sollte. Das Gen ist an der Regulierung von Stress- bzw. Glückshormonen wie Serotonin, Dopamin und Noradrenalin beteiligt, derart dass es diese deminuiert. Da die Neurotransmitter im Gehirn für die kognitive Kontrolle impulsiver Handlungen, für Aufmerksamkeit, Steuerungsfunktionen, planvolles Denken, Problemlösungskompetenz u.ä. verantwortlich sind, kommt es bei Mangel derselben zum drastischen Anstieg des Spiegels einiger Botenstoffe, welche Hyperaktivität und Impulsivität auslösen. Die genetische Veranlagung selbst bedingt allein noch keineswegs den Ausbruch von Gewalt, obwohl sie deren Voraussetzung zu sein scheint. Hinzukommen müssen weitere Faktoren.

Forscher fanden noch ein zweites Killer-Gen heraus. Bei Untersuchungen

82 Nach dem Artikel *Humangenom – was in unserem Erbgut steht*, in: *Spektrum Kompakt* 2021, waren es im Jahre 2021 noch 19‘969 Gene, die im Jahre 2022 auf ca. 25‘500 erhöht wurden.

von 794 Häftlingen in finnischen Gefängnissen stellten sie das Gen CDH-13 fest, das bei Gewaltverbrechern und Sexualmördern häufig vorkommt.[83]

Ob ein oder zwei oder mehrere Gene verantwortlich sind für eine gesteigerte Gewaltbereitschaft, ist zur Zeit nicht entschieden, dazu ist das Zusammenspiel aller Prämissen, innerer wie äußerer, zu kompliziert. Nach überwiegender Meinung von Fachleuten müssen jedoch zur Veranlagung weitere Faktoren wie Traumata, Frustrationen oder Provokationen in früher Kindheit, auch zu wenig oder zu viel Zuwendung und Liebe hinzukommen.[84] Es ist ein ganzes Bündel von Faktoren und deren komplexes Zusammenspiel, das heute noch keineswegs in allen Details bekannt ist.

Dass außer der genetischen Veranlagung äußere Faktoren eine Rolle spielen, wissen wir bereits aus der alltäglichen Erfahrung. Bei anhaltend psychischer Erkrankung empfehlen wir Tapetenwechsel in der Hoffnung, dass eine hellere Umwelt sich positiv auf das Gemüt auswirke, bei unerklärlichen üblen Handlungen von Jugendlichen, wenn diese trotz eines guten Elternhauses, trotz guter Erziehung und Bildung boshafte Taten begehen, erklären wir diese aus entsprechenden Umwelteinflüssen, da wir die jugendliche Psyche noch für relativ unbedarft und beeinflussbar halten. Der zweite Faktor für die Aktualisierung des Bösen ist mithin das Milieu, allgemein das System, in dem wir leben, in das wir hineingeboren werden und in dem wir aufwachsen, wozu die Sprache, die Sitten und Gebräuche, die Manieren und Verhaltensweisen gehören, die verroht, brutal oder gemäßigt und diszipliniert sein können.

Wie sehr allein die Sprache prägend ist, zeigt ein Vergleich einer brutalen, verrohten Gangster- und Gaunersprache mit einer gezügelten, gepflegten Umgangssprache. Im Gangsterjargon gebraucht man rohe, ungeschliffene Ausdrücke, die seiner augenblicklichen Gefühls- und Stimmungslage, z.B. Wut, Hass, Aggression entsprechen, schleudert diese seinem Gegenüber an den Kopf, im anderen Fall sucht man seine Gefühle durch eine Sprachdisziplinierung zu bändigen oder gar zu verbergen, um den Gesprächspartner nicht noch mehr zu reizen. Man greift zu Höflichkeitsfloskeln, um das gesellschaftliche Karussell aufrechtzuerhalten. Würde man angesichts einer Beleidigung sofort in Wut geraten und verbal oder physisch ausrasten und zurückschlagen statt sich zu beherrschen und nach möglichen Ursachen dieses

83 Vgl. Henning Engeln und Sebastian Witte: *Im Kopf der Täter*, in: *Geo Wissen*, Nr. 69 (2020), S. 34-40, bes. S. 39.

84 Anders Benjamin Clemens, der in einer Studie an 50 friedfertigen Studenten unter MRT (Magnetresonanztomographie)-Bedingungen zeigte, dass bereits ohne äußere Einflüsse das Zusammenwirken verschiedener Gene überdurchschnittliche Aggressivität auslösen kann. Vgl. *Aggressions-Gene und Umweltfaktoren beeinflussen aggressives Verhalten*, in: *Neurologen und Psychiater im Netz*. Das Informationsportal zur psychischen Gesundheit und Nervenkrankheiten, vom 28.4.2016, https://www.neurologen-und-psychiater-im-netz.org/neurologie/news-archiv/artikel/aggressions-gene-und-umweltfaktoren-beeinflussen-aggressives-verhalten/.

Ausrutschers seines Gegenüber zu suchen, so würde das zwischenmenschliche Verhältnis tiefgreifend beeinträchtigt werden. Zur Höchstform in dieser Beziehung hat es die Diplomatensprache gebracht, die eigens dafür geschaffen ist, Missverständnisse und Streitigkeiten zwischen Staaten, die leicht aus den Fügen geraten und zu Krieg führen können, zu bereinigen, abzumildern und zu besänftigen. Statt beispielsweise das Scheitern einer Konferenz einzugestehen, sagt man lieber, dass die weitere Behandlung der Probleme auf unbestimmte Zeit verschoben sei, um sich alle Optionen offen zu halten. Bei Missverständnissen sucht man zu beschönigen und die Sache herunterzuspielen, bei Brüchigkeit von Verträgen und Zweifeln an deren Einhaltung sucht man diese zu erneuern oder zu bekräftigen..

Dasselbe gilt für Manieren. Während der Gewalttätige, Undisziplinierte seinen Gefühlen freien Lauf lässt und auf jede Aggression sofort mit noch größerer Aggression antwortet, beherrscht sich der Erzogene und Kultivierte und hält seine natürliche aggressive Reaktion zurück, wie Erziehung, Übung und Drill ihm dies auferlegt haben. Er verhält sich höflich, wobei dieses Wort aus der höfischen Kultur stammt, die bewusst verstellte, schmeichelte, auch heuchelte, um dem Herrscher zu gefallen und sein Wohlwollen zu erringen, von dem man abhing, da man ohne dies ohnmächtig war. Diese geschmeidige, elegante, sogar galante Form des Umgangs hält auch das gesellschaftliche Zusammenleben aufrecht, auf das jeder einzelne angewiesen ist.

Nun gibt es die verschiedensten Arten von Systemen, angefangen vom Kindergarten über Schulen und Ausbildungsstätten, Berufs- und Arbeitssysteme, bis zu sozialen, politischen und religiösen Systemen. Entsprechend unterschiedlich sind sie strukturiert, wobei systemisch vor allem an zwei Grundtypen zu denken ist: an hierarchische Über- und Unterordnungen und an nivellierte, egalitäre Systeme wie demokratische, die auf Gleichheit, Freiheit und Brüderlichkeit beruhen. Von gemischten Systemtypen kann hier abstrahiert werden. Wie immer ein System strukturell gestaltet sein mag, es übt gewisse Zwänge auf den Menschen aus, indem bestimmte Eigenschaften privilegiert und andere unterdrückt werden. Platon, der in seiner Pädagogik einseitig am Guten orientiert war, schildert im Höhlengleichnis eine *Periagogé*, eine zwangsweise, schroffe Umwendung der gesamten Seele in Richtung auf das Gute (*Politeia* 515e f.) und spricht von dem schwierigen, holprigen Weg, der von der Unterwelt hinauf in die Oberwelt führt, womit er drastische pädagogische Maßnahmen meinte.

Ganz anders Jean-Jacques Rousseau, bei dem es sich wohl um den ersten Vertreter einer antiautoritären Erziehung handelt, indem er auf die von der Akademie der Wissenschaften in Dijon 1749 gestellte Preisfrage „Hat die Wiederherstellung der Wissenschaften und Künste zur Veredlung der Sitten beigetragen?“ mit seiner „Abhandlung über die Wissenschaften und

Künste“ (*Discours sur des sciences et des arts*) eine negative Antwort gab. Die Künste – darunter verstand er Handwerk und Kunsthandwerk, ebenso alle verfeinerten Umgangsformen, Manieren, Sitten und Gebräuche, Höflichkeit, Galanterie – hätten zahllose Laster und Ungerechtigkeiten hervorgebracht; die menschliche Geschichte sei ein Prozess des Niedergangs in politischer, sozialer, pädagogischer und lebenspraktischer Hinsicht, der rückgängig gemacht werden müsse. Sein Motto war *retour à la nature* („zurück zur Natur“). Dies bedeutet nach ihm allerdings nicht den primitiven Rückgang des Menschen in den reinen Naturzustand, in Urwälder und das Leben mit wilden Bären, sondern das Festhalten an einer Zivilisation, die sich jedoch nicht allzu sehr entwickeln und verfeinern dürfe.[85] Seine Gesellschafts- und Zivilisationskritik wiederholte Rousseau 1755 in seinem zweiten Discours „Abhandlung über den Ursprung und die Grundlagen der Ungleichheit unter den Menschen“ (*Discours sur l'origine et les fondemens de l'inégalité parmi les hommes*). Rousseau ließ keinen Zweifel daran, dass er die zivilisatorisch und kulturell entwickelten historischen Gesellschaften von Grund auf für falsch, selbstsüchtig, eitel und unwahrhaftig hielt. Die natürliche Ungleichheit der Menschen sei durch die Vergesellschaftung derselben noch verschärft worden zur politischen und sozialen Ungleichheit, was durch die Blüte der Hochkultur nur verschleiert worden sei.

In seinem Bildungsroman *Émile oder über die Erziehung*[86] schlägt Rousseau daher eine antiautoritäre Erziehung vor, die er an dem jungen Émile demonstriert, den er naturhaft und urwüchsig wie eine Pflanze gemäß seinen originären Anlagen aufwachsen lässt unter Ausschluss aller von außen kommenden negativen Einflüsse.[87] Nur das eigene Herz und Gewissen sollen Entscheidungen treffen, nicht die Vorschriften der Gesellschaft; diese verbildeten nur statt zu bilden.

Die 60er-Generation des letzten Jahrhunderts hat diese Maxime wieder aufgenommen und praktiziert, dergestalt dass nicht die Eltern das Kind erziehen und ihm Vorschriften machen, sondern umgekehrt dieses jene. Das Kind bestimmt, was immer es haben möchte, wie immer es leben will, welchen Umgang es pflegen, mit welchen Freunden es sich verbünden möchte, welchen Beruf oder welche Lebensform es wählen will usw.[88] Die Auswir-

85 Vgl. Jean-Jacques Rousseau: *Abhandlung über den Ursprung und die Grundlagen der Ungleichheit unter den Menschen*. Aus dem Französischen übersetzt und hrsg. von Philipp Rippel, Stuttgart 1998, 2. bibliographisch ergänzte Aufl. 2018, S. 133 Anm.

86 Jean-Jacques Rousseau: *Émile oder über die Erziehung* (Titel der Originalausgabe: *Émile ou De L'éducation*, Paris 1762), aus dem Französischen übersetzt von Hermann Denhardt, Köln 2010.

87 Daher resultiert der Ausdruck ‚negative Erziehung'.

88 Allerdings waren die Gründe für diese Einstellung der 60er-Generation total andere als die von Rousseau. Da nach dem Zweiten Weltkrieg Frauenarbeit üblich wurde bzw. beide Ehepartner einem Verdienst nachgingen, hatten sie wenig oder keine Zeit für die Zuwendung

kung dieser freiheitlichen Erziehung sind allbekannt: Protest, Revolte, Regellosigkeit, Unkonventionalität, absolute Selbstbestimmung und rigorose Durchsetzung seines Ich.

Obgleich jedes System – auch das demokratische, das auf Gleichheit, Freiheit und Brüderlichkeit basiert – auf gewisse Zwänge angewiesen ist, um überhaupt überlebensfähig zu sein, boykottiert die antiautoritäre Haltung als Folge dieser Erziehung immer wieder selbst die marginalsten Zwänge durch Proteste, Aufmärsche, Demonstrationen, Hausbesetzungen, Ankettung an Bäumen, Fixierung auf Straßen und Flugbahnen, Verstopfung von Straßen und Märkten durch Ansammlungen der Protestierenden, so dass selbst Krankenwagen mit Schwerkranken nicht durchkommen können und diese versterben. Dies wird billigend in Kauf genommen. Ob radikale Klimaaktivisten, Naturschützer oder Querulanten, jeder versucht seine Meinung und Überzeugung durchzusetzen auf Kosten der anderen, weil er sich gleichberechtigt wähnt, zumeist besser wissend als der Nachbar. Jede Berufsgattung streikt zur Durchsetzung ihrer Interessen: Allein in den ersten Monaten des Jahres 2024 streikten die Lokführer ganze fünf Tage in einer Woche vom 19. bis 24. Februar, dann die Bauern in Großaufmärschen mit Traktoren, dann die bundesweit Beschäftigten im öffentlichen Nahverkehr, dann folgte ein Warnstreik im Einzelhandel, darauf ein Streik des Bodenpersonals der Lufthansa, dann streikten wieder die Lokführer mit der Ankündigung einer ganzen Streikwelle, dann der Flugbetrieb usw. Jede Gruppe macht auf sich aufmerksam, weil sie sich sonst vernachlässigt und zurückgesetzt fühlt. Deutschland ist momentan zum Streikland Nummer 1 avanciert, es befindet sich in einem Dauerstreik, deren politische Folgen – die Gefahr anarchischer Zustände – drohen und deren wirtschaftliche Folgen nicht ausblieben. 2023 stieg bereits die Zahl der ausgefallenen Arbeitsstunden auf 674'000 (29 Tage pro Person) und war mit einem wirtschaftlichen Einbruch von 4,5 % verbunden. Da jede Autorität fehlt und verpönt ist und antiautoritäre Erziehung und Verhalten an der Tagesordnung sind, sehen sich die ursprünglichen Autoritätsgaranten außer Kraft gesetzt: Lehrer fühlen sich überfordert in ihrer Berufsausübung, meiden diesen Beruf, so dass ein Lehrermangel die Folge ist; die für Ordnung sorgende Polizei erfährt grundsätzlich Kritik; Berufshierarchien sind abgebaut zu Teamwork; Politiker geben lieber jeder Forderung nach, um wiedergewählt zu werden usw. Es droht die Gefahr der Anarchie.

Wegen legerer, ja lascher Gesetze und ebensolcher gerichtlichen Verurteilungen ist ein allseitiges Mobbing eingetreten, wozu nicht zuletzt die Anonymität des Internets animiert hat, die nahezu alles zu sagen erlaubt, ohne

zu Kindern, so dass diese sich selbst überlassen blieben und alle Probleme selbständig lösen mussten; ihre Bedürfnisse wurden allenfalls mit Geld zugedeckt.

zur Rechenschaft gezogen werden zu können. Schärfere Bestimmungen sind kaum durchsetzbar. Als Folge hat sich eine Verrohung der Sprache eingestellt, die immer mehr um sich greift und vor keiner Instanz mehr Achtung und Respekt hat. Aus verbalen Attacken werden leicht handgreifliche.

Während der Globalisierungsphase hat sich noch ein anderer, materiell geprägter Systemtyp herausgebildet, der sich strukturell als offenes System charakterisieren lässt und psychologisch auf dem Trieb der Gier basiert, was insbesondere die ökonomische Gier nach materiellem Reichtum, Besitz, Geld, Macht betrifft und der Devise des ‚immer mehr, immer weiter, immer höher, nie genug' huldigt. Es geht hier um den entarteten Kapitalismus, der nicht mehr der natürlichen Bedürfnisbefriedigung dient, sondern der anonymen Geldhortung und Besitzanreicherung sowie dem Konsum um des Konsums willen. Er hat den Typ des gierigen, unersättlichen Menschen hervorgebracht, der nie genug bekommen kann und den Wettbewerb und Konkurrenzkampf immer weiter anstachelt. Hat der Konkurrenzkampf zwischen Partnern erst einmal begonnen, so geht die Spirale unaufhaltsam weiter und lässt sich nur durch eine unendliche Steigerung ‚befriedigen'. Auch diese Gier als alleinige Antriebsfeder fällt unter den Begriff des Übels.

Freilich ist auch die gegenteilige Gesellschaftsordnung, die auf Hierarchie beruht und im Extremfall auf Diktatur hinausläuft, welche mit Autoritätsglauben, rigoroser Strenge und absolutem Gehorsam verbunden ist, aufgrund der bitteren Erfahrung während des Nationalsozialismus bei fast allen Nachkriegsautoren und Geschichtstheoretikern wie Herbert Marcuse, Theodor Adorno, Jürgen Habermas verpönt, da sie hierin Repressionen und schiere Machtausübung sehen, was zur Revolution geradezu motiviert. Autoritäre Systeme wie der Nationalsozialismus in Deutschland, der Faschismus in Italien, der Kommunismus in Russland sind qualifiziert, narzisstische Persönlichkeitskulte hervorzubringen, sei es Hitler, Mussolini oder Stalin, die dann bei Scheitern ihrer Machtgelüste als Inkarnation des Bösen figurieren. Diese Menschen haben eine Persönlichkeitsstruktur, die ganz auf sich selbst bezogen ist und die anderen lediglich als Claqueure und Bewunderer der eigenen Person und ihrer angeblichen Leistungen benötigt. Alles kreist um ihr Ich. Versagen sie, so sind selbstverständlich die anderen schuld.

Nun zeigt sich hier allerdings wieder eine Mehrdeutigkeit, die auf eine Ambivalenz von Gut und Böse hinausläuft. Solche egomanischen, narzisstischen Menschentypen, deren Denken und Trachten rein selbstbezogen ist und ausschließlich an dem eigenen Erfolg, dem eigenen Ansehen und Einfluss auf andere interessiert ist, die daher die höchsten Ämter des Staates und der Wirtschaft anstreben, werden von den Massen der Subalternen bewundert und verehrt. Das zeigt sich gegenwärtig wieder in den USA an der Figur Donald Trumps. Trotz seiner Lügen und Betrügereien, seiner Finanzskandale, Gerichtsprozesse und Verurteilungen, seines Aufrufs zum Sturm auf das

Kapitol, das für die Amerikaner die heilige Bastion der Demokratie ist, liegt er in Umfragen der Präsidentschaftskandidatur von 2024 vorn. Das mag damit zusammenhängen, dass das Ideal der Spitzenposition immer noch der durchsetzungsstarke, selbstbewusste und unbezwingbare Siegertyp ist, der sich gegen alle Widerstände skrupellos durchzusetzen vermag. Er ist qualifiziert, eine Anhängerschaft hinter sich zu versammeln, die an ihn glaubt und ihm blind folgt, während man einem Verlierer naturgemäß die Gefolgschaft verweigert. Während die einen in ihm die Inkarnation des Bösen sehen, erscheint er den anderen als Heilsbringer und Inkarnation des Positiven und Guten. Obwohl die Selbstinszenierung der Macht nicht selten auf eine persönliche Schwäche zurückzuführen ist und die Unsicherheit und Angreifbarkeit des Ich verdecken soll, scheint das Phänomen der Macht unwiderstehlich zu sein, – ein Indiz, dass Schein mehr wiegt als Sein.

Kommen wir zurück auf die systemischen Einflüsse von Systemen auf die Persönlichkeit!

Wir sehr äußere systemische Einflüsse besonders in den ersten Lebensjahren des Kindes entscheidend sind, um im Zusammenspiel mit bestimmten Erbanlagen ein bösartiges, gewaltbereites Verhalten hervorzubringen, zeigen Untersuchungen an Schwerverbrechern, Serienmördern, Sexual- und Gewalttätern. Die Auswirkungen dieses Zusammenspiels auf neuronaler Ebene ließen sich medizinisch auch über den Positronenemissionstomographen nachweisen.

Auf neuronaler Ebene sind zu berücksichtigen das limbische System, das im Wesentlichen für die Gefühle verantwortlich ist, und der präfrontale Kortex der Stirnlappen, welcher als intellektuelles Gegenüber fungiert, das die Emotionen des ersteren unter Kontrolle bringen und dämpfen kann. Im limbischen System unterscheidet man drei Areale:

1. den Hypothalamus, der neben der Nahrungsaufnahme und Sexualität für Angriff und Verteidigung zuständig ist,
2. die Amygdala, die in bedrohlichen Situationen mit Angst und Wut reagiert und zu Flucht oder Angriff rät,
3. der Hippocampus, der Erinnerungen an Gefahren speichert, eine Art Gedächtnis darstellt und in fraglichen Situationen dazu beiträgt zu entscheiden, wann Gewalt einzusetzen und wann besser darauf zu verzichten ist, um unangenehmen Konsequenzen zu entgehen.[89]

Bei den Untersuchungen an Schwerverbrechern erwies sich das normale

89 Vgl. Henning Engeln und Sebastian Witte: *Im Kopf der Täter*, a.a.O., bes. S. 36.

Zusammenspiel von limbischem Gefühlssystem und kontrollierendem intellektuellen präfrontalen Kortex als gestört, was sich unter dem Tomographen durch diverse Farbgebungen demonstrieren ließ: Blau bis grün zeigte wenig oder mangelnde Aktivität im Bereich der Kontrollinstanz des präfrontalen Kortex an, rot bis gelb starke Aktivität der Aufmerksamkeit und Kontrolle der Emotionalität. Die Personen mit dem ersteren Befund ließen ein impulsives, zügelloses Verhalten erkennen, die mit dem letzteren ein beherrschtes.[90]

Die Dysfunktionen können verschiedene Ursachen und Anlässe haben. In einem Fall verbanden sich zwei neurologische Deformationen auf unheilvolle Weise, zum einen die Unterentwicklung des Stirnhirns, das aggressive Impulse nicht zurückzuhalten vermochte mit der Unterentwicklung des limbischen Systems, das für zu impulsive Reaktionen sorgte, mit der Folge, dass der Täter völlig ungehemmt selbst auf kleinste Anlässe reagierte, in einem anderen Fall war der Betreffende in der Jugend mit einer Brechstange auf den Kopf geschlagen worden, was zur Schädigung seines Gehirns und seiner Persönlichkeit führte, und im dritten Fall waren es Aufmerksamkeitsdefizite und Misshandlungen in der Jugend, traumatische Erfahrungen der Vernachlässigung in der Kindheit, die zu unkalkulierbaren Gewaltausbrüchen führten. Dass in den meisten Fällen, abgesehen von erblicher Veranlagung und Deformation, das Zusammenspiel von Genen und Umweltfaktoren notwendig ist, scheint unbezweifelbar zu sein, weniger, in welchem Maße beide beteiligt sind.

90 Vgl. a.a.O., S. 35.

5. Kapitel: Der böse Blick[91]

Im Vorangehenden wurde die reine Existenz, das Leben und Überleben im Darwinschen Sinne des *survival of the fittest*, in Zusammenhang gebracht mit einer gewissen Aggressivität, die sowohl eine Auslegung als Gutes wie als Böses gestattete. Als Böses trat sie auf, sofern es um die Vernichtung des anderen ging, als Gutes war sie einzustufen, insofern es sich um den Schutz des eigenen Ich, der Familie, der Nachkommen sowie der Gruppenmitglieder handelte. Für die Ausstattung dieser Aggressivität hat die Natur mit einer Reihe physischer wie psychischer Eigenschaften und Fähigkeiten sowohl im Tier- wie Menschenreich gesorgt.

Im Tierreich genügt schon die wilde Mähne des Löwen, seine gefletschten Zähne, seine mit Krallen versehenen Pranken, seine Sprunghaltung, um dem Gegner Angst und Schrecken einzujagen und ihn in die Flucht zu schlagen. Die hochgiftige Kobra vergrößert sich durch Aufrichtung des Vorderkörpers und durch Aufblähen der Kopflappen, um dem Feind zu drohen. Diese Geste ist so wirksam, dass sie von einer Vielzahl ungiftiger Schlangen imitiert wird. Elefanten, Rhinozerosse, Nilpferde verschaffen sich vor allem durch ihre Größe Respekt und Platz.

Nicht viel anders verhält es sich beim Menschen. Auch er vergrößert sich durch Aufrichtung des gesamten Körpers, durch Ausbreitung der Arme, durch vorwärtsgerichtete Sprunghaltung, durch Stirnrunzeln und Grimassenschneiden – die Aborigines strecken bei wilden Tänzen dem Gegner zudem die Zunge entgegen –, durch Kriegsgeschrei und Gebrüll. Beim Mili-

91 Literatur zum bösen Blick: *Böser Blick*, in: *Wikipedia, https://de.wikipedia.org/wiki/Böser_Blick*; *Der böse Blick: Blickkontakt*, in: *Der böse Blick.* Auge online, https://auge-online.de/wissenswertes/der-boese-blick; *Das Horusauge:* Mythen und Fakten über das kraftvolle Symbol, in: https://mystischerrabe.de/symbole/horusauge-mythen-fakten-kraftvolle-symbol/; Gerda Grober-Glück: *Der Verstorbene als Nachzehrer*, in: Matthias Zender (Hrsg.): *Atlas der deutschen Volkskunde.* Neue Folge, in Zusammenarbeit mit H.L. Cox, Gerda Grober-Glück und Günter Wiegelmann, Marburg 1966-82, Erläuterungen, Bd. 2, S. 427-456; Siegfried Seligmann: *Die Zauberkraft des Auges und das Berufen.* Ein Kapitel aus der Geschichte des Aberglaubens, Den Haag 1980 (Reproduktion der Ausgabe Hamburg 1922); ders: *Der Böse Blick und Verwandtes.* Ein Beitrag zur Geschichte des Aberglaubens aller Zeiten und Völker, Hildesheim 1985; Hermann Schmitz: *System der Philosophie*, 3. Bd., 2. Teil, 2. Aufl., Bonn 1981, S. 378 ff.; Thomas Hauschild: *Der böse Blick.* Ideengeschichtliche und sozialpsychologische Untersuchungen, 2. überarbeitete Berlin 1982; Thede Kahl: *Der böse Blick.* Ein gemeinsames Element im Volksglauben von Christen und Muslimen, in: Thomas Wünsch (Hrsg.): *Religion und Magie in Ostmitteleuropa.* Spielräume theologischer Normierungsprozesse in Spätmittelalter und Früher Neuzeit (*Religions- und Kulturgeschichte in Ostmittel- und Südosteuropa*, Bd. 8), Berlin 2006, S. 231-335; Petra Himstedt-Vaid: *Verrufen, verhexen und böser Blick.* Schadenszauber in norddeutschen Erzählungen, in: Himstedt-Vaid, Susanne Hose, Holger Meyer, Siegfried Neumann (Hrsg.): *Von Mund zu Ohr.* Via Archiv in die Welt. Beiträge zu mündlichem, literarischem und medialem Erzählen. Festschrift für Christoph Schmitt (*Rostocker Beiträge zur Volkskunde und Kulturgeschichte*, Bd. 9), Münster, New York 2021.

tär kommen die erhöhenden Schulterpolster, die Siege markierenden Orden und Ehrenzeichen hinzu sowie früher die hohen Kopfaufsätze, die Helme mit Federbüscheln,[92] die sämtlich dem Imponiergebaren dienen. Zu diesem Einschüchterungsrepertoire gehört auch der sogenannte böse Blick, der stechend, durchdringend, ja durchbohrend ist und jeden Feind auf Abstand hält.

Dass das Auge eine ganz besondere Rolle spielt im Umgang mit den anderen, geht schon aus der Tatsache hervor, dass seit ältesten Zeiten die Aktivitäten des Auges mit einer Vielzahl von Spezialbegriffen umschrieben wurden, so im Griechischen mit δρᾶν, ιδεῖν, λεύσσειν, ἀθρεῖν, θεᾶσθαι, σκέπτεσθαι, ὄσσεσθαι, δενδίλλειν, δέρκεσθαι, παπταίνειν.[93] Es ist nicht gleich, ob man einen unheimlichen Blick hat wie die Schlange, die einen erstarren lässt, oder einen weichen, milden, liebevollen, zärtlichen oder einen furchterregenden, wütenden wie der Eber oder einen hellen, strahlenden, ja funkelnden, ob man sehnsuchtsvoll oder schmachtend blickt oder ob man glotzt oder starrt. Menschen haben in allen Kulturen und zu allen Zeiten ein Gespür dafür entwickelt, wobei sich oft ein Vergleich mit Tierblicken nahelegte, so vor allem von Reptilien wie der Schlange und dem Drachen. Das im Deutschen gebräuchliche Wort Drache, das auch in ‚Drakon', ‚drakonisch', ‚Drakula' vorliegt, geht auf das griechische δράκον zurück und bedeutet den furchtbaren Blick. Sanskrit *drig-visha* bedeutet die Schlange, die Gift in den Augen hat. Durch Schlangenblick werden nicht nur kleine Tiere wie Mäuse, Hasen, Vögel gebannt und gelähmt, sondern auch der Mensch.[94]

In diesen Kontext gehört auch die Unterscheidung von Sehen und Blicken. Während das Sehen ein passives Einlassen des Äußeren ins Innere des Menschen ist, geht der Blick von innen nach außen und nimmt aktiv Bezug auf äußere Gegenstände und Geschehnisse. Blicken ist ein Instrument, die Herrschaft über anderes zu gewinnen, einen anderen auf ihn gerichteten Blick zurückzuweisen, zu verdrängen, zu unterjochen, der dasselbe in Bezug auf den ersten Blick versucht.

Eine höchst amüsante Schilderung eines solchen wechselseitigen Blickkontaktes zwischen zwei Personen, in dem es um Herrschaft und Knechtschaft, um Aneignung und Unterjochung einerseits, Widerstand andererseits

92 Die Simbai in Papua-Neuguinea schießen den Vogel ab, indem sie nicht nur hohe, käferbesetzte Kappen tragen, sondern, darauf stehend, einen meterhohen Stock und, darauf befestigt, noch Adlerfedern.

93 Vgl. Bruno Snell: *Die Entdeckung des Geistes. Studien zur Entstehung des europäischen Denkens bei den* Griechen, Göttingen 8. Aufl. 2000, S. 13.

94 Vgl. S. Seligmann: *Der böse Blick und Verwandtes.* Ein Beitrag zur Geschichte des Aberglaubens aller Zeiten und Völker, Bd. 1, Berlin 1910, S. 126 f.

seits geht, findet sich in einem Feuilletonartikel der *Frankfurter Allgemeinen Zeitung* vom 6.7.1957:[95]

> „Sie [die Frau] hat noch nicht versucht, aus der Objektmaske herauszukommen und den Blick mit einem ebensolchen Blick zu erwidern.
>
> Zwingt sie sich aber dazu und taucht für Bruchteile von Minuten in den fremden Blick ein, dann zuckt sie in der Bewegung zusammen und überwindet mühsam die Scham, die dieses Erlebnis einer Umarmung gleichsetzt. Hält sie stand, so wird unter ihrem eigenen Blick der Mann zum Objekt, und sie macht ihn sich untertan als einen möglichen Geliebten. Er ist, wie sie, in diesem Moment gefährlicher und geheimnisvoller, als er in Wirklichkeit sein wird. Sie begehrt von seiner täglichen Wirklichkeit gar nichts zu wissen. Sie sucht ihn genau da auf, wo er sie gesucht und getroffen hat. Jetzt ist er es, der sich in wachsender Unruhe eine Zigarette anzündet, eine Pose annimmt, seine Hände darstellt. Sie muß lächeln.
> Aber er lächelt keineswegs zurück. Er ist nicht gewillt, ihr das Recht auf solche Blicke zu überlassen. Sein Ausdruck wird finster, er sucht gewaltsam, die vorherige Situation wiederherzustellen und sie mit durchbohrendem Blicke in ihre Objektrolle zurückzuzwingen.
> Eigentlich hätte sie nichts dagegen, ihm zu willfahren. Sie war sich in ihrer aufblühenden Passivität viel reicher vorgekommen und hatte sich selbst genossen. Aber nun hat sie sich schon zu weit in die Sphäre des anderen vorgewagt und ist ihrem verheißungsvollen Spiegelbild entglitten. Sie hat den Schritt aus dem Bannkreis heraus getan und den erweckenden Blick in einen feindlichen verwandelt. Schon fängt der andere an, sich gegen sie zu wehren. Wenn er jetzt sein ursprüngliches Begehren in Handlung umsetzen und sie ansprechen würde, wäre er nichts als ein zudringlicher Herr ... Und mit dem ersten Wort, das zwischen ihnen fiele, hätte er sie in eine gleichgültige, alltägliche Frau zurückverwandelt.
> Sie senkt schnell den Kopf und beeilt sich, aus dem Bereich seiner männlichen Initiative zu kommen. Aber sie ist enttäuscht: er hätte sie ansprechen sollen, bevor sie Zeit zu diesen Überle-

95 Zitiert von Walter Ehrenstein: *Probleme des höheren Seelenlebens*, Basel 1965, S. 310 f., zitiert auch bei Hermann Schmitz: *System der Philosophie*, 3. Bd., 2. Teil, a.a.O., S. 381 f.

> gungen hatte. Er hätte sich ihren Blick sechzig Sekunden lang gefallen lassen müssen, das hätte genügt; sie hätte seine ungenutzten Möglichkeiten erkannt und wäre imstande gewesen ihnen zuliebe für immer Objekt zu werden."

Auch wenn es hier nicht um den bösen, vernichtenden Blick geht, sondern lediglich um den unterjochenden, so wird doch dessen aggressive Potenz deutlich, indem er die andere Person zum Rückzug oder Wegschauen oder zur Steigerung der eigenen Widerstandskraft animiert. Der böse Blick selbst ist einseitig und wird vom Opfer als stechend, durchbohrend und tötend empfunden. Man vergisst ihn lebenslang nicht.

Der böse Blick ist im Volksglauben fast aller Völker und seit ältesten Zeiten bekannt und wurde ebenso in Volksliedern besungen, wovon ein türkisches Minnelied zeugt; „Wer je böse auf dich blickt, soll Gottes Strafe leiden."[96] Eine der ältesten Stellen findet sich in einem magischen Werk, das der König Assurbanipal im 7. Jahrhundert vor Christus in Auftrag gab und an die 200 Tontafeln enthalten haben dürfte. Akkadisch *si – xul* bedeutet ‚böses Auge', genauer ‚Auge böse'. Im *Alten Testament* und bei den Hebräern, die von den Chaldäern beeinflusst wurden, findet man *ajin hora* oder aramäisch *ajin bischa,* welche auf ein böses Auge weisen. In den *Apokryphen* zum *Alten Testament* gibt es diverse auf den bösen Blick bezogene Stellen, u.a. *Salomo* IV, 1 mit dem Sinn, dass der bannende böse Blick verführt und einem das Gute verdirbt. Die Belege ließen sich beliebig vermehren.[97]

Ursache für den bösen Blick sind häufig körperliche Besonderheiten, Krankheiten und Abnormitäten wie Schielen, das auf einen Augenmuskeldefekt zurückgeht (schielende Augen machen dann den scheelen Blick aus, der Neid und Missgunst anzeigt), oder Hornhautflecke, die eine Augenentzündung zur Ursache haben, aber im Mittelalter als *signum diabolicum* gewertet wurden und den Verdacht erregten, mit dem Teufel einen Pakt geschlossen zu haben, oder rote Augen, die der Hexe zugeschrieben wurden. Der indische Gott der Unterwelt und Richter der Toten Yama, ebenso die blutrünstige Göttin Kali wurden mit roten Augen dargestellt.

Der böse Blick gehört in die Kategorie der Zauberkräfte, speziell des Schadenszaubers, der Kräfte unterstellt, die hierhin und dorthin fließen oder auch bewusst dirigiert werden können und Unheil, Unglück, Verderben und Tod bringen. Wenn wir diese einer Frühzeit der Menschheit zuordnen, die dem Aberglauben verhaftet war, heißt das nicht, dass sie heute überholt wären, denn auch wir sprechen in der Psychologie von Kräften und Einflüssen, sofern wir ein dynamisches Weltbild und nicht ein atomistisches zugrunde-

96 S. Seligmann: *Der böse Blick und Verwandtes*, a.a.O., S. 43.

97 Die größte Sammlung findet sich bei S. Seligmann: *Der böse Blick und Verwandtes*, a.a,O.

legen. So empfehlen wir bei psychischen Krankheiten einen Tapetenwechsel oder eine Lichttherapie, um anderen Einflüssen ausgesetzt zu werden, die auf die Psyche positiv wirken anstelle der schädlichen.

Es scheint zwei Arten des bösen Blicks zu geben, von denen die eine stechend und bohrend auf den anderen eindringt und als Rache, Wut, Vergeltung gedeutet wird und daher nicht selten Personen zugeschrieben wird, die zur Hinrichtungsstätte geführt werden. Aus diesem Grunde verband man ihnen auch die Augen. Der zweiten Art, dem sogenannten Sterbeblick, wird eine ins Grab ziehende Kraft zugeordnet. Er scheint auf einem tiefen abgründigen Vorwurf zu beruhen und eine Bringschuld einzufordern und den anderen nach sich zu ziehen. Er heißt daher auch ‚Nachzehrer'.[98] Er wirkt wie eine Fesselung – daher resultiert auch der Ausdruck ‚Faszination', der nicht nur im guten Sinne gemeint sein kann, sondern auch im negativen, im Sinne der Vereinnahmung, des Nicht-Loslassens, der Enteignung des von ihm gebannten Körpers und der Seele. Dieser Blick wird als beklemmend empfunden. Aus diesem Grunde verschloss man den Toten die Augen, und das nicht nur, um einen ewigen Schlaf zu signalisieren.

Nach dem Aberglauben vieler Völker bringt der böse Blick Krankheiten jeder Art mit sich. In Beschlüssen der Konzilien[99] ist davon die Rede, dass der böse Blick „das Herz eines Menschen frisst" oder „die Menschen verzehrt", im *Codex Vaticanus* der Teyolloqualoyan wird der Tod als jemand bezeichnet, der „das Herz frisst", ähnlich wie bei den Mexikanern vom ‚Wadenfresser' die Rede ist.[100]

Schützen konnte man sich vor dem bösen Blick allenfalls dadurch, dass man diesem Schwangere und Kinder entzog. In Südostasien ist es noch heute üblich, dem anderen nie direkt in die Augen zu schauen, sondern diesen Blickkontakt peinlichst zu vermeiden. Auch das dreimalige auf Holz Klopfen oder das dreimalige Ausspucken auf den Boden sollen eine Abwehr des bösen Blicks bewirken. Hinzu kommt eine Vielzahl von Metallen, Salzen, Pflanzen, Tierteilen und sonstigen Kuriositäten, die helfen sollen, den Blick zu entzaubern. Auf den griechischen Inseln hängt man noch heute Kränze aus verschiedenen Kräutern an die Haustür zum Schutz vor dem bösen Blick. Bei dieser Abwehr spielen offensichtlich das Gift der Pflanze, ihr übler Geruch oder Geschmack, die abwehrenden Dornen und Stacheln eine Rolle. Seit ältesten Zeiten werden Knoblauch, Zwiebel, Lorbeerbaum, Raute verwendet, was ländermäßig verschieden ist. Manche Kräuter sind sogar nach ihrer Verwendung benannt wie Hexenkraut, Kreuzdorn, Alraune usw.

Zu den Abwehrmechanismen zählen ferner Amulette, Talismane und

98 Vgl. *Böser Blick*, in: *Wikipedia*, S. 2 von 8.

99 Vgl. Franc. Torreblanca: *Daemonologia*, Mainz 1623.

100 Vgl. S. Seligmann: *Der böse Blick und Verwandtes*, a.a.O,. S. 197 f.

Schmuckanhänger. Eines der ältesten Amulette zur Abwehr böser Kräfte einschließlich des bösen Blicks ist das altägyptische Horus-Auge, das ein schematisiertes Auge darstellt, welches dem Falkengott Horus zugeschrieben wird. Falken haben bekanntlich besonders stechende und durchdringende Augen. Verwendet wurde es teils bei kultischen Handlungen, teils sollte es am Schiffsbug zur Abhaltung böser Wellen dienen oder als Verzierung an Sargdeckeln, um den Eingang des Toten ins Jenseits und damit in das zweite Leben frei zu halten und dafür zu sorgen, dass nichts und niemand den Weg behindere. Es erhielt einen solchen Bekanntheits- und Beliebtheitsgrad, dass es als Hieroglyphe verwendet wurde.

Diese besteht in einem stilisierten Auge, das zusammengesetzt ist aus dem Auge, einer mächtigen Augenbraue, einer Träne und unter den Augenwimpern einer Spirale, die als Relikt einer Feder des Falken Horus gedeutet wird. Jedem dieser sechs Teile entspricht ein Sinnesorgan: *Erstens,* das linke Augendreieck zwischen dem äußersten Augenrand und der Pupille symbolisiert den Geruchssinn, weil es der Nase am nächsten liegt, *zweitens,* das rechte Augendreieck zwischen Pupille und rechtem Rand symbolisiert den Gehörssinn, da es diesem am nächsten kommt, *drittens,* die Pupille steht für den Sehsinn, *viertens,* die Augenbraue repräsentiert Denken und Weisheit, *fünftens,* die Träne links unter dem Auge symbolisiert den Tastsinn, weil der unterste Teil der Träne die Erde zu berühren, zu ertasten scheint, *sechstens,* die Spirale soll den Geschmackssinn wiedergeben.[101] Die hier stark zutage tretende Analogisierung zwischen den Teilen des Auges und den Sinnen entspricht dem altägyptischen Denkmodus.

Hinter der Augensymbolik und ihrer Schutzmacht steht der Horus-Mythos, der die eigentliche Erklärung für den Schutzzauber liefert. Horus war der Sohn des geschwisterlichen Ehepaares, der Fruchtbarkeitsgöttin Isis und des Totengottes Osiris. Sie hatten als Geschwister noch Seth, den Gott der Unordnung und des Chaos sowie des Neids, und Nephthys. Seth beging Brudermord an Osiris, da er nach dem Thron Ägyptens strebte, den Osiris innehatte. Es gelang Isis jedoch, ihren Mann und Bruder Osiris durch Magie zu retten, so dass aus ihrer Verbindung Horus hervorging. Horus, der den Mord an seinem Vater rächen wollte, verlor im Kampf gegen seinen Onkel Seth das linke Auge, das zerstückelt wurde. Zwar konnte der Gott der Weisheit Thot dieses dank seiner Magie retten bis auf einen Teil, der unauffindbar blieb. Da dieser Kampf zwischen Osiris und Seth den zwischen Chaos und Ordnung symbolisierte, bei dem die Ordnung den Sieg davontrug, fungierte das Horus-Auge als Symbol für Heil (Heilung), Gesundheit und Glück. Das

101 Vgl. *Altägyptisches Symbol – Horus-Auge.* Das alte Ägypten, https://www.aegypten-geschichte-kultur.de/aegyptisches-symbol-horusauge, vgl. S. 7 f. von 18.

Fehlen eines kleinen Teils drückt jedoch aus, dass nichts im Leben ganz vollkommen ist.

Mit dem Horus-Auge verbindet sich noch ein weiterer Mythos, demzufolge das Horus-Auge eines der beiden Augen des Schöpfergottes Re ist, und zwar das linke. Während das rechte, das Re-Auge, die Sonne verkörpert, steht das linke stellvertretend für den Mond. Da man den Mondzyklus mit der Ab- und Zunahme der Mondsichel beobachtet hatte, sah man die Abnahme des Mondes als Schädigung des Horus durch Seth an und die Wiederauffüllung als Vervollkommnung und Regeneration, so dass das Horus-Auge auch als Symbol für Heilung und Wiederherstellung, Lebenskraft und Gesundheit fungierte. Daher wurde das Horus-Auge auch mit dem altägyptischen Wort *Wadjet* oder *Wedjat* oder *Udjat* = ‚heil', ‚gesund' benannt.[102]

Nach anderen ägyptischen Mythen ist Horus der Träger beider Augen, der Sonne und des Mondes, so dass er über den ganzen Himmel herrscht und damit über Gut und Böse.

Jeder Teil des Auges stellt ein bestimmtes Maß – ägyptisch Heqat – dar, und zwar das Weiße des linken Auges ein Halbheqat, die Pupille ein Viertel, die Augenbraue ein Achtel, das Weiße des rechten Auges 1/16, die Augenbraue 1/32 und die Träne 1/64 Heqat. Bei Addition der Teile kommt man auf 63 voin 64 Heqat, knapp 99 %. Die Ägypter glaubten, dass Thot bei Zusammenstückung und Heilung des Auges kraft seiner Magie und Weisheit einen Teil verlor oder bewusst ausließ, um an die Imperfektheit aller Individuen zu erinnern.[103]

102 Vgl. *Das Horus-Auge*. Mythen und Fakten über das kraftvolle Symbol, https://mystischerrabe.de/symbole/horusauge-mythen-fakten-kraftvolle-symbol/, S. 5 von 18.

103 Vgl. a.a.O., S. 12 f. von 18. Die Mathematisierung des Horus-Auges im Alten Ägypten wurde 1911 von dem Ägyptologen Georg Möller entdeckt. Sie wurde schließlich nicht nur für mathematische Berechnungen verwendet, sondern auch für medizinische Zwecke bei der Abmessung von Arzneien.

6. Kapitel: Relativität der Ethik

Im Vorangehenden wurde als Ursache des Bösen neben der genetischen Veranlagung des Menschen seine Umwelt genannt. Letztere tritt in Form sozialer, politischer, ethischer und ästhetischer Systeme auf, von denen die beiden markantesten politischen Systeme das hierarchische und das nivelliert demokratische Modell sind, die wegen ihrer Gegensätzlichkeit hier allein diskutiert werden sollen, wiewohl diese in der Realität nie ganz rein auftreten, sondern vermischt. Es soll hier ihr Typus erörtert werden, und dieser ist nach Form und Inhalt zu unterscheiden.

Sowohl im Tierreich wie in der Menschenwelt findet sich eine weite Verbreitung hierarchischer Systemtypen, die formal idealerweise nach Ober- und Unter- und Unterunterstufen gegliedert sind, so dass die Eigenschaften der Spitze sich vom obersten bis zum untersten Glied über alle Zwischenglieder fortsetzen und ebenso die Anordnungen der Spitze bei Funktionieren des Ganzen vom höchsten bis zum letzten Glied durchgehalten werden. Das Ganze gleicht einer Maschine oder einem Räderwerk, das nur funktioniert, wenn jedes Rädchen gemäß seiner spezifischen Stellung und Aufgabe funktioniert, andernfalls kommt es zu Dysfunktionen oder zum totalen Kollaps. Die Funktion des Ganzen wird aufrechterhalten entweder durch Veranlagung bzw. Programmierung oder durch Macht und Autorität der Spitze. Während bei hierarchischen Systemen in der Natur wie Bienen-, Termiten- oder Ameisenstaaten die Ordnung und Aufgabenverteilung a priori genetisch vorherbestimmt ist, insofern der Königin die Eiablage, den Drohen die Befruchtung, den Pflegerinnen die Aufzucht des Nachwuchses obliegt, den Arbeiterinnen die Nahrungssuche und der Transport, den Wächterinnen die Eingangsbewachung des Baus, kämpfen in weniger festgelegten Systemen wie bei Menschen diese von der Jugend an um die Festlegung der Rangordnung und Machtposition und verteidigen diese bis zum Letzten.

Sucht man nach Realisationen dieses Systemtyps bei Menschen, so legt sich der Vergleich mit dem Militär nahe, das auf einer strengen Hierarchie wie auf Befehl und Gehorsam basiert. Da die Befehls- und Gehorsamsstruktur von oben nach unten verläuft, wirkt das Ganze bei richtigem Funktionieren wie ein einziger uniformer Körper. Unterstützt wird diese Einheit und Ganzheit noch durch die Uniformität der Kleidung und Ausrüstung sowie durch Marschmusik, die den Gleichschritt der Truppe produziert und die einzelnen Glieder zu einem einzigen Korpus zusammenschweißt, und das nicht nur äußerlich, sondern auch innerlich, dadurch dass sich die äußeren Schwingungen auf das Gemüt übertragen und dadurch einen einheitlichen Korpsgeist erzeugen.[104] Die Gefahr eines derart strukturierten Systems besteht darin, dass bei Fehlfunktion eines oder mehrerer Glieder das Ganze kollabiert.[105]

Streng hierarchische politische Systeme waren in der Vergangenheit der Nationalsozialismus Hitlers, der Faschismus Mussolinis und der Kommunismus Stalins. Da sie strikt auf der Einhaltung von Befehl und Gehorsam basierten, gingen sie in absolutistische Diktaturen über, die auf Kadavergehorsam setzten und Dissidenten in Konzentrationslager sandten und eliminierten. Heute kommt ihnen Putins Diktatur in Russland am nächsten, indem Abtrünnige wie der Chef der Wagner-Truppe durch Flugzeugabsturz oder die bekanntesten Oppositionspolitiker wie Nawalny in Gefängnissen und Arbeitslagern der Öffentlichkeit entzogen oder umgebracht werden.

Im Gegensatz dazu sind demokratische Systeme nivellierte Formen, die auf Gleichheit, Brüderlichkeit und Freiheit basieren. Sie konzedieren jedem gleiches Recht, so dass eine Sub- und Supraordnung entfällt. Nur zeitweise und freiwillig werden für eine bestimmte Wahlperiode zu Regierungszwecken gewisse Machtbefugnisse an gewählte Vertreter übertragen. Direkte Demokratien wie in der Schweiz unterscheiden sich noch von indirekten wie in den anderen europäischen Ländern dadurch, dass sie eine Vielzahl direkter Eingriffsmöglichkeiten durch Referenden (Volksentscheide) kennen[106]

Die Schwäche von Demokratien besteht aufgrund ihrer nivellierten Struktur im Zusammenhalt, der Solidarität. Da jeder jedem anderen absolut gleichrangig ist, sich jeder für genauso klug oder klüger noch als sein Nachbar hält, meist sogar besserwisserisch auf seinem Recht besteht, sind Protes-

104 Die größte zu einer Menschenmasse zusammenschweißende Macht, die ich je erlebt habe, war Trance. Auf einer Forschungsreise 2007 ins Asmat-Gebiet mussten wir wegen Flugausfall einige Tage unfreiwillig in der Nähe Agats verweilen. Aus dem nahegelegenen Männerhaus hörte ich stundenlang einen monotonen Gesang, unterstützt durch Trommeln und andere Musikinstrumente. Neugierig geworden, erkletterte ich die Stiegen zum Eingang des Männerhauses und sah eine kriegsgeschmückte Menge von Männern mit Federbüscheln im Haar, Ofati im Septum und den umgehängten typischen Asmat-Taschen, die sich einförmig im gleichen Rhythmus in Halbtrance hin- und herbewegte. Die Menge machte auf mich den Eindruck eines einzigen hin- und herschwankenden Körpers. Das Spektakel dauerte drei Tage und drei Nächte, bis schließlich ein außergewöhnlicher Ruf erklang und die Menge aufsprang und davon stürmte und ein Dorf überfallen haben wird, da die Asmat bis heute ein kriegerisches Volk geblieben sind.

105 Aus diesem Grunde hat die moderne Wirtschaftsform, die ehemals ebenfalls nach diesem Hierarchiemodell strukturiert war und teilweise noch heute ist, nämlich idealerweise einen einzigen Chef, zwei untergeordnete Abteilungsleiter und diesen wieder untergeordnete mehrere Projektleiter usw. aufwies, zu einer Nivellierung der Hierarchie und Vernetzung kleinerer Einheiten auf derselben Ebene gegriffen, so dass bei Dysfunktion die nicht funktionierenden Teile schneller abgestoßen werden können.

106 Bis 1990 gab es in Appenzell Innerrhoden noch die direkte Wahl auf dem Marktplatz mit Hand- oder Säbelerheben, was allerdings nur in kleinen, überschaubaren Regierungseinheiten wie Gemeinden möglich ist.

te, Demonstrationen und Boykotte an der Tagesordnung.[107] Ihre Ausmaße und Auswirkungen sieht man nicht nur in Frankreich und Italien, sondern gegenwärtig besonders in Deutschland, das zum Demonstrationsland Nummer 1 avancierte. Demonstriert und gestreikt wird nicht nur in gravierenden Fällen der Ungerechtigkeit, sondern bei jeder Kleinigkeit und jedem Anlass mit dem Argument, dass man sonst übersehen würde und nicht genügend auf seine Probleme aufmerksam machte.

Wurden die beiden Systeme – Hierarchie und Demokratie – bislang nur in ihrer formalen systemischen Struktur thematisiert, so fehlt noch die materiale Analyse ihres Inhalts.

Sind die Entscheidungen der Spitze im hierarchischen System gutartig und werden so durch das System weitergegeben, so wird man das System positiv nennen und schätzen können, sind sie hingegen schlecht, also böse, so klafft ein Widerspruch zwischen der konsistenten Form und dem Inhalt dergestalt, dass ein negativer Inhalt durch das Festhalten an der hierarchischen Befehls- und Gehorsamsstruktur durch alle Glieder weitergetragen wird. Diese Diskrepanz soll an einem exemplarischen Fall der jüngeren Geschichte demonstriert werden, und zwar am Fall Adolf Eichmanns und seiner Gefolgschaft Adolf Hitlers sowie seines Gerichtsprozesses in Jerusalem 1961, wie ihn die Philosophin und politische Theoretikerin Hannah Arendt in ihrem Buch *Eichmann in Jerusalem*[108] beschrieben und kommentiert hat, zumal dieses Buch gründlich recherchiert ist und eine Reihe prinzipieller kritischer Fragen aufwirft, zudem eine große Aktualität erfahren hat, wenngleich eine kontroverse Diskussion ausgelöst hat.

Hannah Arendt nahm im April und Juni 1961 persönlich als Prozessbeobachterin für die amerikanische Zeitschrift *The New Yorker* am Prozess in Jerusalem teil und verfolgte den weiteren Verlauf anhand von Zeitungsartikeln und Fernsehberichten, insbesondere ließ sie sich die Aufzeichnung des Kreuzverhörs beim Jerusalemer Bezirksgericht zusenden und recherchierte die Gründe und Hintergründe des Antisemitismus sowie die Umstände der damaligen Situation anhand wissenschaftlicher Arbeiten. In fünf aufeinanderfolgenden Berichten publizierte sie ihre Eindrücke in dem *New Yorker*-Magazin. In etwas erweiterter und revidierter Form bilden diese Reportagen den Inhalt ihres Buches *Eichmann in Jerusalem*. Ein Bericht von der Banalität des Bösen.

Weltweit bekannt wurde sie für ihren Ausdruck ‚Banalität des Bösen', den sie nicht, wie zu vermuten gewesen wäre, einem Ungeheuer oder Dämon

107 Vgl. S. 57 f. dieser Arbeit.

108 Hannah Arendt: *Eichmann in Jerusalem*. Ein Bericht von der Banalität des Bösen, aus dem amerikanischen Englisch von Brigitte Granzow, hrsg. von Thomas Meyer, mit einem Nachwort von Helmut König, München 1964, erweiterte Neuausgabe München 2022.

zuschrieb, sondern einem ganz gewöhnlichen Menschen, einem Menschen von nebenan.[109]

Adolf Eichmann war im Dritten Reich für die Deportation von Millionen von Juden in die Konzentrationslager von Auschwitz und zuletzt von Theresienstadt verantwortlich, womit er Millionen von Menschen auf dem Gewissen hatte. Normalerweise stellt man sich einen solchen Menschen als ein bestialisches, blutrünstiges Ungeheuer, als einen bösen Dämon oder ein Monster vor, während Hannah Arendt ihn nach ihren Eindrücken im Gerichtssaal als einen durchschnittlichen, unauffälligen, biederen Menschen charakterisiert, nicht übermäßig intelligent oder scharfsinnig, nicht intellektuell angehaucht, vielmehr als einen simpel gestrickten, pflichtbewussten, gehorsamen, bis zum Kadavergehorsam unterwürfigen Menschen, der nur Befehle entgegennahm und ausführte, ohne sie auf ihren Inhalt zu reflektieren, was einen Grad der Selbständigkeit und Verantwortung hätte erkennen lassen. Eichmann bestritt im Gericht nie seine Taten, verwies aber stets darauf, dass er nur ein kleines Rädchen im großen Getriebe gewesen sei, das hätte funktionieren müssen. Er behauptete, nie selbst Befehle zum Töten erteilt und auch nicht selbst getötet zu haben, sondern nur Beihilfe zur Vernichtung der Juden durch die Transportbefehle in die Vernichtungslager gegeben zu haben; er sei nur für die Organisation, für die Belegung der meist überfüllten Züge und die Festlegung des Todeszeitpunktes der Insassen wegen Alter, Krankheit oder Geschlecht verantwortlich gewesen. So behauptete er auch, nie feindselige Gefühle gegen die Opfer gehegt zu haben,[110] er sei nur Befehlsempfänger und ausführer gewesen, was darauf deutet, dass er nur wie eine Maschine automatisch funktionierte, aber nicht wie ein selbständig denkender und fühlender Mensch handelte.

Eichmann, dem trotz seiner Biederheit Angeberei und Wichtigtuerei nicht fremd waren, sah seine Chance zum Aufstieg 1932 mit dem Eintritt in die NSDAP gekommen, mit der er auch zugleich Mitglied der SS wurde, der Truppe, die Hitler besonders nahestand. In den Folgejahren oblag ihm, von Wien und später von Prag aus die Organisation der Ausweisung der europäischen Juden vorzunehmen, die offiziell als ‚Auswanderung' deklariert wurde und einer Vertreibung gleichkam. Später nach den Beschlüssen der Wannsee-Konferenz hatte er die Vernichtung der Juden zu betreiben, die sogenannte ‚Endlösung', die die Deportation der Juden in die Gaskammern und Vernichtungslager vorsah. Eine Funktion als ‚Handlanger des Teufels' ist damit unbestritten.

Hannah Arendt zeichnet in ihrem Buch, häufig mit ironischem Unterton,

109 Zur Schwierigkeit von Eichmanns Charakteristik und Einordnung seiner Taten vgl. a.a.O., S. 85 ff.

110 Vgl. a.a.O., S. 91.

einen unauffälligen, ‚normalen' Menschen, dessen ausgeführte Befehle der Unmenschlichkeit und Grausamkeit so gar nicht zu einem Normalbürger oder normalen Soldaten passen. Was genau bedeutet die Banalität des Bösen, die Arendt herauszuarbeiten bemüht ist?

Jedes System, ob autokratisch oder demokratisch, funktioniert nur, wenn alle Glieder und so auch jedes einzelne sich systemisch verhalten, d.h. formal funktionieren, und das bedeutet, die ihnen obliegende Aufgabe erfüllen oder den Befehl ausführen, gleich welcher Art diese sind. Das macht die Konformität und Normalität der Glieder eines jeden Systems aus. Gewöhnlich unterstellt man, dass der auszuführende Inhalt gutartig ist. Ist er jedoch bösartig wie im vorliegenden Fall, dann besteht eine Diskrepanz zwischen Form und Inhalt, so dass jeder einzelne gehalten wäre, eigenständig und nicht nur hörig auf den Inhalt zu reflektieren. Aus diesem Grunde hat die moderne Militärverfassung die Befehlsverweigerung als letzte Option eingeräumt, wenn Zweifel an der Seriosität eines Befehls bestehen, und zwar wenn dieser gegen die Menschenwürde oder die Humanität des Völkerrechts verstößt. In diesen Fällen besteht Straffreiheit, ansonsten gilt die Befehls- oder Gehorsamsverweigerung als Kapitalverbrechen. Genau dieser Umstand der Verweigerungsmöglichkeit war in der Vorkriegszeit nicht gegeben.

Es fragt sich, ob Eichmann wirklich unreflektiert dem Befehl folgte, ob er rein systemisch funktionierte unter Verleugnung der Selbstreflexion und persönlichen Verantwortung, wie es leider normal ist, oder ob er doch mit dem Inhalt des Befehls übereinstimmte. Zumindest im ersten Fall hätte sich das Böse den Schein der Normalität oder Banalität gegeben, im zweiten Fall wäre Eichmanns Entscheidung tatsächlich als boshaft einzustufen.[111]

Eichmann wurde 1962 im neu gegründeten Staat Israel nach Gesetzen von 1950, die für NS-Verbrechen während der Zeit des Nationalsozialismus die Todesstrafe vorsehen, zum Tode verurteilt. Er bekannte sich nicht schuldig im Sinne der Anklage, was aus seiner Sicht berechtigt war, da er nach den Vorgaben des Hitler-Regimes befehlsgetreu bis zum Kadavergehorsam gehandelt hatte. Zu Recht stellt Hannah Arendt im Epilog ihres Buches zwei Fragen, *erstens* die nach der Zuständigkeit des Gerichtes und *zweitens* die nach der Schuld und Straffähigkeit des Angeklagten.

Bezüglich des ersten Problembereiches stellt sich die Frage, a) ob ein nationales Gericht zur Aufrollung solcher Verbrechen überhaupt befähigt ist oder nicht vielmehr ein internationaler Gerichtshof wie heute in Den Haag, b) ob ein erst später gegründeter Staat, der zu jener Zeit der Verbrechen

111 Dieses Problem stellt sich auch und gerade bei der Beurteilung heutiger Massenphänomene, die als Schwarmverhalten einzustufen sind, wie die heutigen Massendemonstrationen, die sich zwar kritisch und selbstbewusst und selbstverantwortlich geben, aber zu allermeist reflexionlos, rein systemisch der vorgegebenen Indoktrination der Medien folgen. Die Menschen sind hier reine Mitläufer.

noch gar nicht existierte, mithilfe von Gesetzen, die erst nachträglich formuliert wurden, zu einem solchen Verfahren überhaupt qualifiziert und legitimiert ist, und c) ob ein Siegerstaat mit veränderten Moralvorstellungen diese Gerichtsverhandlung hätte durchführen dürfen.

Wichtiger und entscheidender ist noch eine andere Frage. Das sogenannte Londoner Statut von 1945, das schon den Nürnberger Prozessen gegen die Hauptverantwortlichen der Vorgänge im Dritten Reich zugrunde lag, kennt drei Anklagepunkte, *erstens* Verbrechen gegen den Frieden, *zweitens* Kriegsverbrechen und *drittens* Verbrechen gegen die Menschlichkeit. Das dritte Verfahren kam hier zur Anwendung; mit ihm stand nicht nur ein einzelner – Eichmann – vor Gericht, sondern ein ganzer Staat, der verbrecherisch mit der Judenverfolgung, dem Genozid und Holocaust gegen die Menschlichkeit gehandelt hatte, also eine absolut böse Staatsmacht, die nun nach anderen moralischen Kriterien beurteilt wurde. Strafe macht nur Sinn, wenn der zu Bestrafende ein Bewusstsein seiner Schuld hat. Wie hätte die Sache im Falle eines Sieges des Nationalsozialismus ausgesehen? Identifizierten sich schon viele Bürger, wenngleich nicht alle – es gab auch ausgesprochene Gegner –, schon während der Herrschaft des Nationalsozialismus mit dessen Ideologie, wie viel mehr hätten dies bei einem Sieg getan aufgrund eines schon Jahrhunderte schwelenden Antisemitismus, der zum einen begründet war durch den andersartigen Glauben, zum anderen durch den Neid auf den Reichtum der Juden, der der Tatsache zu verdanken ist, dass die Juden während des Mittelalters keine sogenannten ehrbaren Handwerksberufe ausüben durften, sondern nur den Geldverleih, der sich allerdings als lukrativ erwies. Hier stellt sich das Problem der Begründung von Ethik, das Problem von Gut und Böse überhaupt. Gibt es überhaupt eine Entscheidungsinstanz darüber, was objektiv gut und was objektiv böse ist, oder bleibt dies eine relative Angelegenheit, die von Standpunkten und vom historischen Wertewandel abhängt?

Begründungsversuche einer universellen Ethik gibt es zwar viele, sie scheitern jedoch alle und laufen letztlich auf die Relativität von Ethik und deren Standpunktabhängigkeit hinaus.

Eine Absolutheitsbegründung von Ethik geliefert zu haben, nimmt Karl-Otto Apel[112] mit seiner Letztbegründungsargumentation in Anspruch. Er wendet sich damit gegen die von Hans Albert in dessen Buch *Traktat über kritische Vernunft*[113] aufgestellte These vom Münchhausen-Trilemma, wonach Letztbegründung unmöglich sei, da diese zum einen in Zirkulari-

112 Apel, Karl-Otto: *Das Problem einer philosophischen Theorie der Rationalitätstypen*, in: Herbert Schnädelbach (Hrsg.): *Rationalität*. Philosophische Beiträge, Frankfurt a. M. 1984, S. 15-31, bes. S. 24

113 Hans Albert: *Traktat über kritische Vernunft*, Tübingen 1968, 2., unveränderte Aufl. 1969, S. 13.

tät, zum anderen in einen infiniten Regress führe oder zum dritten zum Abbruch nötige. Demgegenüber unterstellt Karl Otto Apel, dass eine Bestreitung des Letztbegründungsprinzips dieses immer schon voraussetze, da ansonsten Reden mit Partnern in Diskursen unmöglich sei, da dieses immer schon den Anspruch auf Wahrheit, die Anerkennung von Erkenntnis und Ethik voraussetze. Wie ein Satz „Ich behaupte hiermit, dass ich keinen Wahrheitsanspruch habe" gerade impliziert, dass ich einen solchen mit eben diesem Satz habe, so verhält es sich nach Apel auch bei der Letztbegründung ethischer Sätze. Die Unmöglichkeit einer zirkelfreien logischen Begründung zeige gerade nicht eine Aporie im Begründungsproblem, sondern sei eine notwendige Folge des Umstandes, dass Sätze dieser Art notwendige Präsuppositionen des Begründens sind. Dies ist natürlich eine Voraussetzung, die nicht wahrhaben will, dass auch das Gegenteil gelten könnte. Die Geltung einer solchen Voraussetzung basiert m.E. auf einem nicht weiter begründbaren Glauben.

Wie der Satz „Es gibt keine Wahrheit" eine faktische Bestreitung der Wahrheit sein kann, ebenso kann er auch paradoxerweise die Voraussetzung der Existenz von Wahrheit sein. So verhält es sich auch mit der Ethik. Wenn ich Ethik bestreite, kann ich dies in striktem Sinne tun *oder* damit gerade Ethik voraussetzen. Beides ist möglich im logischen Sinne. Im praktischen Lebensalltag allerdings wird man von der Voraussetzung der Existenz von epistemisch einholbarer Wahrheit, Ethik und Ästhetik ausgehen, da sonst ein performativer Widerspruch jede meiner Behauptungen und Aussagen belasten würde.

M.E. gibt es nur zwei absolute Beweisgründe für eine Ethik, zum einen den Glauben und zum anderen die Vernunft, die beide Anspruch auf Absolutheit erheben.

Wir stehen im Abendland in einer zweitausendjährigen Tradition christlicher Ethik, die uns mit den zehn Geboten durch permanente Wiederholung eingehämmert bzw. eingetrichtert wurde, so dass letztlich praktisch jeder Zweifel an ihr entfiel. Zwar hat die christliche Kirche oft genug gegen ihre eigenen sittlichen Prinzipien verstoßen, sei es in den Kreuzzügen, sei es mit der Indoktrination der Indios in Mittel- und Südamerika, sei es mit dem Dreißigjährigen Krieg, der ein Krieg zwischen Katholizismus und der lutherischer Reformation war, mit den Hexenprozessen des Mittelalters, der Verfolgung der Wiedertäufer usw. Die Latte amoralischer Handlung und Verhaltensweisen ist lang.

Dennoch steht hinter den zehn Geboten die Sanktionierung durch einen Gott, der ihre absolute Geltung begründet und ihre Verfehlung ahndet, sofern man dieser Vorstellung Glauben schenkt. Die zehn Gebote mögen sich historisch als notwendige Gebote einer nomadisierenden Stammesgesellschaft erwiesen haben, wie sie ein Biosozialismus begründen würde.

Die Menschen als soziale Wesen, die in einer Gemeinschaft leben und so am besten überleben können, würden durch gegenseitige Tötung die Aufhebung dieser Voraussetzung veranlassen. Auch gravierende Lügen, Unwahrheiten und Betrügereien würden das gesellschaftliche Vertrauen als ein notwendiges Konstituens von Gemeinschaft untergraben. Und selbst das Verbot des Fremdgehens von Ehepartnern, besonders der Frau, würde bei einer Stammesgesellschaft wegen des Entzugs der Arbeitskraft zu deren Auflösung führen anders als in modernen Gesellschaften, wo dieses Verbot obsolet wird, da die Partner gleiche Arbeiten verrichten. Die Gebote und Verbote, die historisch gewachsen sein mögen, zumal es ursprünglich mehr als zehn waren und auf diese Zahl nur dogmatisch reduziert wurden, sind als solche pragmatischen und praktikablen, gesellschaftskonstituierenden Gesetze durch einen Gott geheiligt, so dass man an deren Verbindlichkeit glauben musste.

Nun gibt es allerdings diverse Religionen mit diversen Geboten und Verboten und somit diverse absolute Verbindlichkeitsansprüche. Mag es auch einige konforme Gebote und Verbote in den uns bekannten Kulturen geben, so gehören sie doch grundsätzlich verschiedenen Kontexten an und haben zu unterschiedlichen kulturellen Ausformungen geführt. Vom Monotheismus des Christentums unterscheidet sich der Götterpluralismus des Hinduismus; ein Buddhist unterscheidet sich in seiner Auffassung von Leben und Tod als einer ewigen Wiederkehr vom Christen, ebenso in seiner Auffassung von Toleranz, der Zen-Buddhismus in seinem Verhältnis zur Natur durch die Einfügung in dieselbe von der christlichen Auffassung der Herrschaft über die Natur usw. Solange man aufrichtig glaubt, ist man in seinem Glauben gefangen und konstituiert zusammen mit anderen Vertretern desselben Glaubens eine Glaubensgemeinschaft mit einer bestimmten sittlichen Auffassung, die jedoch keinen totalitären Absolutheitsanspruch erheben kann, d.h. nicht auch für andere Glaubensgemeinschaften Verbindlichkeit beanspruchen kann.

Mit den allgemeinen Menschenrechten verhält es sich ebenso. Sie werden zwar für universell reklamiert und so auch von der politischen Propaganda immer wieder propagiert, obgleich sie in einer bestimmten kulturellen Weltgegend, im Westen, entstanden sind und historisch der Zeit des 18. Jahrhunderts, der Aufklärung, angehören und eindeutig deren Stempel tragen, der sich vom sogenannten dunklen Mittelalter der christlichen Dogmatik absetzte und zu eigenständigem Denken aufforderte. Sie können ihre kulturelle Eigenart aber nicht abwerfen und für alle Weltgegenden, alle Kulturen und alle Zeiten gelten. Zudem gibt es inzwischen auch die islamischen Menschenrechte. Man mag die Menschenrechte für gerecht und sinnvoll halten und ihre Ausweitung ersehnen und betreiben, sie passen aber durchaus nicht auf jede Gesellschaft und Kultur. Von einer Weltgemeinschaft und einem Weltfrieden sind wir weit entfernt.[114]

Die zweite absolute Begründung rekurriert auf die Vernunft, die seit der Aufklärung an die Stelle Gottes gerückt ist und entsprechend auf dessen ehemaligem Podest als göttlich verehrt wird. Kant ist ihr Hauptvertreter, auf den sich heute alle Vernunftethiken berufen.

Sein Hauptargument ist der kategorische Imperativ, der als ein formaler, schlechthinniger absolute Allgemeinheit beansprucht, während seine inhaltliche, praktische Ausfüllung in jedem Einzelfall abgewogen werden muss. Er selbst gibt ein universelles Leitprinzip ab. Seine Formulierung läuft darauf hinaus, dass jeder nur derjenigen Maxime folgen soll, von der er wünscht, dass auch der andere ihr folgen möge. Das Grundgesetz in der *Kritik der praktischen Vernunft*, §7, lautet: „Handle so, daß die Maxime deines Willens jederzeit zugleich als Prinzip einer allgemeinen Gesetzgebung gelten könne."[115] Das bedeutet umformuliert, meine Handlungsfreiheit reicht so weit, wie sie die Handlungsfreiheit anderer nicht beeinträchtigt und verletzt. Wendet man diese formale Aussage auf die Realität an, so erkennt man sofort, dass diese Forderung allenfalls erfüllbar wäre in einer Welt mit nur wenigen Menschen, die sich nicht zu nahe kämen, die Freiräume gegeneinander hätten, in einer Welt mit Überbevölkerung jedoch stößt jeder sofort mit seiner Freiheit an die Freiheit eines anderen und gerät in Konflikt. Wir wohnen und leben nicht nur nebeneinander, sondern über- und untereinander in Hochhäusern und stören uns beständig, streiten uns permanent um Nahrungsquellen und die wenigen Ressourcen, versuchen zu überleben durch Lügen, Manipulationen und Tricksereien. Da schon die positiv konnotierte Aggressivität für unsere vitalen Interessen (Beanspruchung eines notwendigen Lebensraumes, Schutzfunktion, Rangordnung) eine lebenserhaltende Funktion ist, müssen wir bei Einhaltung des Freiheitsraumes des anderen ständig gegen unsere Natur leben.

So ist es nicht verwunderlich, dass Kants Prinzip der Anbetung der Vernunft keine Lösung darstellt und immer mehr zum moralischen Relativismus gegriffen wurde, der sich allerdings als genauso absolutistisch erweist.

Es sind vor allem Ethnologen und Kulturwissenschaftler wie Melville Herskovits, Ruth Benedict, Magret Mead wie auch philosophische Kulturkritiker wie schon der Sophist Protagoras und in späterer Zeit Friedrich Nietzsche, die einen ethischen Relativismus vertreten, der jedem Volk und jeder Kultur Genüge tut und deren Eigenart respektiert und sie gegen Ethnozentristen in Schutz nimmt, die ihre eigenen Vorstellungen fremden Kul-

114 Nähere Ausführungen siehe Karen Gloy: *Die Frage nach der Gerechtigkeit* (UTB), Paderborn 2017, S. 32-40.

115 Immanuel Kant: *Kritik der praktischen Vernunft*, 1. Teil, 1. Buch, 1. Absatz, §7.

turen überstülpen wollen. Die Position der Relativisten hat den Vorteil, Toleranz auch Andersdenkenden gegenüber zu zeigen und für gegenseitiges Verständnis zu plädieren.

Wie sehr historisch und ethnisch ethische Positionen gewechselt haben, soll anhand einer Reihe fundamentaler Beispiele demonstriert werden, *erstens* anhand von Kopfjagd und Kannibalismus, *zweitens* anhand von Sklaverei und *drittens* anhand von Päderastie.

(1.) Kopfjagd und Kannibalismus

Ein Phänomen, das wir heute vom modernen westlichen Standpunkt weit von uns weisen, als schaurig und ekelhaft betrachten sowie einem Zeitalter zugehörig rechnen, das wir längst in unserem Kultur- und Zivilisationsprozess seit dem Jäger- und Sammlertum überwunden haben, sind Kopfjagd und Kannibalismus. Einst waren sie über die ganze Erde verbreitet und sind heute noch in einigen abgelegenen Gegenden Papua-Neuguineas und Irian Jayas trotz Regierungsverbotes anzutreffen. Auf unseren Expeditionen zwischen 1975 und 2018 haben wir noch Eingeborene getroffen, die Menschenfleisch gegessen hatten und berichteten, dass dieses unter dem Tisch verkauft werde und süßlich nach Nüssen schmecke.

Noch heute verwahrt eine Reihe von Familien, die wir in Amanamkai im Asmat-Gebiet kennenlernten, die Schädel der durch Kopfjagd Getöteten, obgleich auch dies verboten ist und sie nur unter größter Geheimhaltung präsentiert werden. Die Eingeborenen zeigten sich durchgehend trotz christlicher Missionierung stolz auf ihre Vorfahren und ihre Tradition und voller Respekt und Achtung gegenüber den im Geheimen aufbewahrten Schädeln.

Um dies zu verstehen, ist daran zu erinnern, dass Kopfjagd und Kannibalismus einem magischen Zeitalter angehören, das von der Existenz von Kräften überzeugt war, die man sich anzueignen bemühte zur Stärkung der eigenen Kräfte. Man erlegte nicht jeden Beliebigen, sondern vorzugsweise starke Männer, weniger Frauen und Kinder. Die Erlegung letzterer gehört erst in eine Dekadenzphase. Man schlief auf den Schädeln der Getöteten in der Annahme, dass damit deren Kräfte auf einen selbst übergingen. Einzelne Knochenteile dienten Männern und Frauen als Amulette, die ebenfalls gute Kräfte attrahieren und schlechte abwehren sollten.

Auch das Verhalten der Kopfjäger gegenüber den Getöteten und deren Angehörigen war respektvoll und ehrenhaft. Nicht selten übernahmen sie den Namen des Getöteten – dieser musste vor seinem Tod seinen Namen preisgeben, wenn die Kräfte wirksam sein sollten – und führten ihn ehrenhaft weiter. Auch übernahmen sie gelegentlich die Versorgung der Eltern an

Sohnes statt oder zahlten Tribut; alles Indizien für einen sittlichen Umgang und Respekt, den auch wir mit unseren andersartigen Vorstellungen nicht abstreiten können.

Kopfjagd und Kannibalismus dürften ursprünglich zur Nahrungsbeschaffung gedient haben. Man ging auf große Raubzüge, von denen man mit Hunderten von Gefangenen heimkehrte. Auf einer der Salomonen-Inseln erzählte man uns, dass man so viele Gefangene gemacht hätte, dass sie unter dem Männerhaus nicht hätten untergebracht werden können, so dass es Fleisch im Übermaß gab. Die Missionare hätten die Eingeborenen später überredet, die Skelette zu begraben, während die Schädel gesetzlich an besonderen Stellen verwahrt wurden. Während die Männer das Muskelfleisch erhielten, bekamen die Frauen und Kinder die Weichteile des durch Trepanation geöffneten Gehirns sowie die weichen Teile des übrigen Körpers wie Leber zur Verspeisung.[116]

Wie abscheulich uns dies erscheinen mag, so besteht doch kein allzu großer Unterschied zu unserem heutigen Tierverzehr, der gegenwärtig in Misskredit geraten und verpönt ist, wenngleich aus anderen Gründen als Respekt. Die Massenschlachtung von Tieren, seien es Schweine oder Rinder oder Hühner, die Tötung und blutige Zerlegung des Fleisches ist nicht appetitlicher als die des Kannibalismus. Ähnliches gilt für die Leichenöffnung, die Medizinstudenten über sich ergehen lassen müssen, um den menschlichen Körper kennenzulernen. Der Normalbürger hat sich von natürlichen Vorgängen allzu weit entfernt und entfremdet.

Man bedenke nur, wie grausam Kinder sind. Welches Kind hätte nicht Frösche aufgeblasen oder Grashüpfern die Beine ausgezupft und Insekten aufgespießt, ohne sich das Geringste dabei zu denken und moralische Skrupel zu empfinden. Erst die Eltern müssen die Kinder belehren, dass man solches nicht tue, da Tiere Lebewesen seien und genauso Gefühle hätten wie Menschen.[117]

Der Tod von Mensch und Tier gehört für Naturethnien zum Alltag. Bei jedem Schweinefest im Baliem Valley, auf dem ein Schwein durch einen Pfeilschuss getötet und geschlachtet wird, wird für das Opfer ein Baum gepflanzt als Zeichen des Lebens, so dass Leben und Tod zusammengehören und einen Kreislauf bilden.

Auch in anderen Teilen der Erde finden sich Relikte des Kannibalismus.

116 In äußersten Notzeiten, in Kriegen wie im letzten Weltkrieg in Russland oder bei dem spektakulären Flugzeugabsturz 1972 in den Anden, bei dem eine Maschine der uruguayischen Luftwaffe auf dem Flug von Montevideo nach Santiago de Chile mit einer Rugbymannschaft verunglückte, blieb als letzte Chance der Überlebenden nur der Verzehr der Toten.

117 Auf der Insel Celebes (Indonesien) spielen Kinder bei Totenfesten, bei denen sich die Familien in der Tötung von Rindern aus Prestigegründen übertreffen, in Blutlachen der geschlachteten Tiere auf dem Marktplatz und besudeln und bespritzen sich, so dass der westliche Zuschauer zurückschreckt.

In dem berühmten Kannibalentext der Unas-Pyramide in Ägypten, einem der ältesten Zeugnisse der Menschheit, wird mit abstoßend schaurigen Worten die Tötung der Menschen und niederen Götter durch den Pharao Unas und die Zubereitung derselben auf dem Kochgestell aus Menschenknochen sowie die Verspeisung am Morgen, Mittag und Abend geschildert, um die Herrschaft des einzigartigen Pharaos über die übrigen Menschen und niederen Götter zu kennzeichnen. Der Text gilt als heilig; er schmückt die Giebelwände einer Grabkammer, unter der wahrscheinlich wichtige Totenzeremonien des zu bestattenden Pharaos vollzogen wurden.

Die christliche Kirche, die sich bei der Missionierung der Anders- bzw. Ungläubigen selbst als friedfertig bezeichnete und Frieden und Versöhnung predigte, hat sich oft genug mit Blutopfern und Blut besudelt. In Verlegenheit geriet sie bei der Missionierung der Azteken, die den Kriegsopfern bei lebendigem Leib das noch pochende Herz auf dem Chac Mo'ol herausrissen, um es ihren Göttern zu opfern in dem Glauben, dass sonst die Sonne am nächsten Tag nicht wieder aufginge. Da die christliche Kirche selbst den Opfertod Christi verherrlichte und die schaurigen Darstellungen des blutenden Christus am Kreuz anbetete, vollzog sie selbst die Blutsriten, die sie bekämpfte. In Brot und Wein des Abendmahls verzehrt sie selber symbolisch Fleisch und Blut Christi.

(2.) Sklaverei

Prinzipielle Unterschiede in der Einstellung und Deutung bestehen historisch wie kulturell auch bezüglich der Sklaverei.

Sklaverei bedeutet die totale physische und oft auch psychische Abhängigkeit eines Menschen von einem anderen, welcher über jenen als sein Eigentum frei zu verfügen berechtigt ist oder sich dieses Recht nimmt. Er darf den anderen erwerben und verkaufen, ebenso vermieten, verschenken oder vererben. Dies gilt auch für die Nachkommen der Sklaven. Diese Eigentumsverhältnisse disqualifizieren den abhängigen Menschen zur Ware und zum Werkzeug und setzen ihn allenfalls der Stufe der Tiere gleich, die man bei Wohlverhalten loben und bei Fehlverhalten tadeln kann. In manchen Ländern wie im Römischen Imperium bestanden für Sklaven privat- und strafrechtliche Regelungen, in Rom konnten Sieger meist von Wettrennen Besitz erwerben und sich freikaufen. Auch gab es beträchtliche Unterschiede in der Behandlung und Art der Diskriminierung, manchmal gehörten Sklaven zum Haushalt und zur Familie wie Kinder, manchmal waren sie der brutalen Willkür der Herren und Sklavenhalter ausgesetzt.

Heute ist Sklaverei in Europa nach Art. 4 der Europäischen Menschenrechtskonvention verboten. Auch sklavenähnliche Formen der Unfreiheit und Unterdrückung wie Zwangsprostitution, Zwangsehe, Kinderarbeit, Rekrutierung von Kindersoldaten u.ä. sind verboten. In anderen Ländern werden sie zumindest unterdrückt.

Der Kampf gegen die Leibeigenschaft und Schollengebundenheit mit dem Recht *prima noctis*, einer vor allem in Bayern verbreiteten Form der Unfreiheit, begann während des 19. Jahrhunderts. Überhaupt setzten nach der Aufklärung im 18. und 19. Jahrhundert in der westlichen Welt (in Europa und Amerika) Bestrebungen zur Aufhebung der Sklaverei ein.

Einst war Sklaverei global verbreitet. Sie lässt sich historisch nicht nur in dem uns bekannten westlichen Kulturraum wie Mesopotamien, Ägypten, Griechenland, im Römisches Reich als Selbstverständlichkeit nachweisen, sondern auch im arabischen und ostasiatischen Raum, u.a. bei den Arabern der arabischen Halbinsel und Ostafrikas, bei den Chinesen, den Tibetern, bei den Inka- und Azteken-Stämmen Mittel- und Südamerikas usw. Ihren Ursprung dürfte Sklaverei in Raubzügen haben, z.B. in Frauenraub, wie er noch heute bei Naturvölkern üblich ist, des Weiteren in Kriegs- und Beutezügen, in denen die Sieger die Beute, ob Sachen oder Menschen, abführten und für sich nutzten, sei es zur Bereicherung und Aufstockung des Lebensunterhaltes, sei es zur Arbeit in Haushalt, Garten und auf Feldern. Sklaven wurden für jede Art von Arbeit eingesetzt, zum Ackerbau und zur Viehzucht, in Minen (Gold-, Silberminen) und auf Galeeren. Arbeiteten in Griechenland ca. vier bis fünf Sklaven im Haushalt, so waren es bei den Römern bereits Tausende, die auf den großen Latifundien, den Staatsgütern Roms, ihre Arbeit verrichteten. Demetrios von Phaleron ließ zwischen 317 und 307 v. Chr. eine Volkszählung durchführen, die 21‘000 Bürger, 10‘000 Metöken und 410‘000 Sklaven ergab, woran man die große Zahl der Sklaven erkennt.

Sklaverei bedeutete fast immer Entfernung von Familie, Land, gewohnter Sprache, Sitten und Gebräuchen.

Berüchtigt und allbekannt sind die großen Sklaventransporte der schwarzen Bevölkerung Afrikas nach Amerika nach der Entdeckung dieses Erdteils und der Kolonialisierung desselben, der Anlage riesiger Plantagen von Zuckerrohr, Tabak, Reis usw. in den Südstaaten. Die Transporte erfolgten unter unmenschlichen Umständen von Sansibar, dem Sammelort, aus, entweder über den Seeweg oder zunächst über die Sahara-Route bis Malta und Marseille, welche große Sklavenmärkte unterhielten, und dann weiter über das Meer. Zusammengepfercht, angekettet und unter katastrophalen sanitären Verhältnissen dauerte die Überfahrt Monate. Unzählige verstarben auf der Überfahrt, andere unter den andersartigen klimatischen Bedingungen oder den unmenschlichen Verhältnissen auf den Plantagen. Flucht wurde mit dem Tode bestraft. Für die Sklavenfänger und händler sowie für die späteren Sklavenbesitzer war dies ein einträgliches Geschäft. Man schätzt, dass im transatlantischen Sklavenhandel zwischen 1501 und 1866 über 12 Millionen schwarzer Sklaven von Afrika nach Nord- und Südamerika verschleppt wurden.

Neben der auf Raub- und Beutezügen sowie auf Piraterie beruhenden Sklaverei gab es stets auch die Schuldsklaverei, bei der der Betreffende, sei es durch fremd- oder selbstverschuldete Misswirtschaft, sich in Abhängigkeit von einem Gläubiger gebracht hatte und seine Schulden durch Frondienste abarbeiten musste.

In unserem Kontext interessiert vor allem die Legitimation der Sklaverei, ihre ideologische Untermauerung.

(1.) Sklaverei war im Altertum in den meisten Ländern und Kulturen so verbreitet, dass man über ihre Legitimation nicht weiter nachdachte und sie für naturgegeben hielt. In Gefangenschaft zu geraten, war Schicksal. In Griechenland kam erst mit den Sophisten die Legitimationsfrage überhaupt auf.
(2.) Eine naturalistische Begründung gab Xenophon (*Kyrupädie, 7. Buch V*, 73). Das Recht des Stärkeren legitimiere dazu, bei Eroberung einer Stadt sich Hab und Gut der Bürger anzueignen, ebenso wie diese selbst. „Denn unter allen Menschen herrscht ein unumstössliches ewiges Gesetz: Wenn eine Stadt im Krieg erobert wird, gehört sie den Erorbern samt ihren Einwohnern und deren Habe. Ihr werdet also nicht zu Unrecht besitzen, was ihr habt." Der Sieg des Stärkeren über den Schwächeren qualifizierte diesen zur Herrschaft über den Schwächeren und dessen Eigentum.[118]
(3.) Entscheidend ist ein ökonomisches Argument. Es gibt nach Karl Marx' Definition Gesellschaften mit Sklavenhaltung, jedoch mit relativ wenigen Sklaven, und sogenannte Sklavengesellschaften, deren wirtschaftliche Basis Sklaverei ist und die ohne diese nicht auskommen könnten. Zu ihnen gehörte das Römische Imperium. Man sagt, dass mit der Emanzipation der christlichen Sklaven die Basis dieses Reiches verloren ging, so dass der Untergang Roms die Folge war.
(4.) Interessant ist Aristoteles' Begründung in *Politeia* I,6 (1254a 20 ff.), die nicht anders als an den Haaren herbeigezogen angesehen werden kann. Sklaven ähneln für ihn Tieren, deren Leistung der Gebrauch ihres Körpers ist und nicht der aufrechte Gang und die Tauglichkeit für politische Angelegenheiten ist. Sklaven sind für ihn Werkzeuge, die wie andere Werkzeuge Wirkungen hervorbringen können. Wirkungen haben nicht den Charakter

118 Die Griechen machten nur gegenüber ihren eigenen Landsleuten eine Ausnahme, indem sie deren Versklavung für illegitim erachteten. Bestimmte Städte wie Sparta und Knossos schlossen Verträge ab, bei Kriegen die Einwohner nicht zu versklaven. Spätere Zeitalter hielten sich allerdings nicht mehr daran.

von Zielen, welche von außen vorgegeben und angestrebt werden. Im Gegensatz zu sachlichen Werkzeugen besitzen menschliche Werkzeuge jedoch Vernunft mit antizipatorischer Fähigkeit, aufgrund deren sie Befehle zu verstehen und auszuführen vermögen. Die Ausbildung ihrer Vernunft aber reiche nicht zur Ausführung derselben aus, weswegen sie sich besser unter den Schutz derer stellen, die Vernunft ausgebildet haben.[119]

Dabei übersieht Aristoteles, dass viele Gefangene Angehörige der gut bis exzellent ausgebildeten Oberschicht angehörten. Aristoteles' Argument würde allenfalls greifen, wenn wirklich Unterschiede in der Bildung bestehen und der Sklave rückständig ist. Die Rückständigkeit bestimmt sich hier jedoch ausschließlich nach den Vorgaben der siegreichen Kultur, nicht nach denen der besiegten, die ihre eigenen Maßstäbe hat. Mit einem solchen Argument der Rückständigkeit hat man die Bekehrung und Versklavung der Indios in Südamerika legitimiert. Die indianische Bevölkerung wurde als rückständig betrachtet und angehalten, die kulturellen Errungenschaften der spanischen und portugiesischen Eroberer anzunehmen.

Es waren eigentlich nur die Sophisten, die allen Menschen gleiche Naturveranlagung konzedierten und die Aufrechterhaltung der Sklaverei auf machtpolitische Gründe zurückführten. Eine Änderung der Einstellung zur Sklaverei ergab sich erst mit dem Christentum, nach dessen Auffassung alle Menschen vor Gott gleich sind und es Unterschiede zwischen Herrn und Knecht, Freien und Sklaven nicht gibt (*Galater* 3,11; *1. Korinther* 12,13). Deutlich wird diese Annahme in einem Brief des Apostel Paulus an Philemon (*Phm.* 15-17), wenn er diesen auffordert, den entlaufenen Philemon, der inzwischen getauft war, als geliebten Bruder anzusehen und wieder aufzunehmen. Es ist allerdings strittig, ob hierin schon ein sozialrevolutionärer Ansatz sichtbar wird, zumal Paulus im Brief an Timotheus (*1. Tim.* 6,1) Loyalität der Knechte gegenüber ihren andersgläubigen Herren fordert. Die Freiheit im Glauben ist nicht abhängig vom äußeren Stand (*1. Korinther* 7,22). Paulus lässt Sklaverei als gesellschaftlich etablierte Besitzform noch unangetastet: „Denn wie einem jeglichen Gott hat ausgeteilt, wie einen jeglichen der Herr berufen hat, also wandle er.]…] Ist jemand beschnitten berufen, der halte an der Beschneidung. Ist jemand unbeschnitten berufen, der lasse sich nicht beschneiden." (*1. Korinther* 7,17-20)

Dass sich mit der christlichen Überzeugung eine Änderung anbahnte, war klar. Auch wenn einige Päpste im Mittelalter für die Abschaffung der Sklaverei eintraten, war es erst die im 19. Jahrhundert einsetzende christlich geprägte Gegenbewegung zu den etablierten unzumutbaren Verhältnissen in den amerikanischen Südstaaten, die zur Abschaffung der Sklaverei dräng-

119 Vgl. Aristoteles: *Politeia* I,5 1254b 15 ff.

te. Dies belegt eindeutig, dass die Einstellung zu Sklaverei bzw. deren Abschaffung von kulturellen Prämissen abhängt, wie in diesem Falle denen des Christentums und der Aufklärung.

Eine Form von Sklaverei lebt heute in modifizierter Form weiter in den schlecht bezahlten Jobs des Niedrig-Lohn-Sektors, in denen die Arbeiter auf Feldern und Plantagen (Orangen- und Zitronenplantagen in Spanien, in Weinbergen und auf Erdbeer- oder Spargelfeldern in Deutschland), in Schlachthöfen ohne Vertrag ausgenutzt werden aus Profitgier der Auftraggeber. Die moderne Wirtschaftsform ist angewiesen auf niedrige Löhne, um profitabel und konkurrenzfähig auf dem Weltmarkt agieren zu können. Nur die extremsten Formen von Sklaverei sind abgeschafft, was nicht nur mit einer veränderten sozialen Einstellung der Gesellschaft und daraus resultierenden Arbeitskämpfen zusammenhängt, sondern auch mit einer Veränderung der Produktionsverhältnisse, insofern viele schwere Arbeiten heute von Maschinen erledigt werden, komplizierte geistige Arbeiten von der Künstlichen Intelligenz geleistet und leichte Arbeiten von Robotern übernommen werden.

(3.) Päderastie

Zu den unterschiedlich bewerteten Praktiken gehört auch die Päderastie, die in vielen Kulturen, gerade auch antiken, weit verbreitet war und heute noch in Papua-Neuguinea und Mikronesien weiterlebt, im Westen gegenwärtig jedoch nicht nur verpönt ist, sondern streng verboten und hart bestraft wird.

Ihren Ursprung hat sie in sozioanthropologischem Kontext in Initiationsriten, in denen die männlichen Jugendlichen etwa im Alter zwischen zwölf und achtzehn Jahren in die Gesellschaft der Erwachsenen eingeführt werden. Entsprechend stolz sind sie, danach als vollwertige Mitglieder der Gesellschafter akzeptiert zu werden.[120] Die Praktiken vor und während der Initiation sind unterschiedlich, in Rabaul bestehen sie im Unterricht alles dessen, was zum Erwachsenendasein gehört: Jagd, Anfertigung von Jagdinstrumenten, Kampftechniken, Familiengründung, im Sepik-Gebiet in Mutproben wie der schmerzhaften Krokodiltätowierung, bei der den Jugendlichen ein Krokodildesign auf den Körper verpasst wird durch Hau-

120 Wie stolz sie sind, zeigt eine Initiation 2010 eines bereits Dreißigjährigen in Tungambit im Blackwater-Gebiet in Papua-Neuguinea. Da die Jugendlichen zur Ausbildung oft in weit entfernte Internate gesandt werden und die Mittel zur Reise beschränkt sind, kann es vorkommen, wie in diesem Fall, dass der Betreffende, der unbedingt in seine Gesellschaft aufgenommen werden wollte, erst im reifen Alter initiiert wurde zusammen mit seinem 15-jährigen Vetter.

teinritzen, deren Narben Krokodilhöcker abgeben, oder wie im Baliem Valley in homosexuellen Praktiken, in denen dem Initianten die Kraft (Mana) übertragen wird und er damit Anschluss an die Gemeinschaft gewinnt. Die Einführung übernimmt traditionsgemäß der Onkel, der Bruder der Mutter.

Auch im alten Griechenland und in Rom war die Päderastie üblich, wovon Platons Dialoge[121] und Aristoteles' Schriften[122] zur Genüge zeugen. In Griechenland war sie eine angesehene kulturelle und soziale Institution, vor allem in den oberen Gesellschaftsschichten, was damit zusammenhing, dass der Ältere dem Jüngeren Zuwendungen machte, sporadische oder wiederholte Geschenke oder ständige Unterhaltszahlungen, die diesem nicht nur ein Auskommen ermöglichten, sondern auch Erziehung und Bildung. Wie sehr es um Intellektualisierung und Vergeistigung ging, davon gibt Platons Schilderung von der Ankunft von Sokrates' Eromonos Alkibiades Auskunft, der verspätet, halb betrunken und siegesbekränzt, in ein Festmahl hineintorkelt. Der stets ungepflegte, ‚verlotterte' Sokrates, dem es nie um äußeres Aussehen ging, sondern ausschließlich um innere Bildung und Formung der Seele, erfreut sich zwar an Alkibiades' äußerer Schönheit, ebenso wie an der anderer Favoriten wie Agathon, das Gespräch aber geht alsbald auf eine gänzlich andere Dimension über: auf innere Schönheit und geistige Bildung sowie auf Eros, mit dem eine nicht-sexuelle Liebe gemeint ist, die vom Diesseits auf das Jenseits zielt.[123]

Die Männerfreundschaften und Männerbünde, die auch im Mittelpunkt von Aristoteles' Schrift über Freundschaft stehen, werden so allgemein beschrieben, dass sie eine moderne Interpretin[124] dazu verführt haben, an allen Stellen ganz im feministischen Sinne Frauenfreundschaften zu setzen, womit aber das Wesen des Textes total verstell wird. Dass die griechische Gesellschaft eine Männergesellschaft war, erklärt sich aus ihrer Herkunft aus einer kriegerischen Gesellschaft, die auf Kraft und Stärke, nicht auf Weichheit und Femininität Wert legte[125] und trotz aller Weiterbildung und Intellektualisierung im Alltag an diese gebunden blieb. Dazu ist zu bedenken, dass es noch keine öffentlichen Organisationen wie Polizei, Feuerwehr, Notdienste usw. gab, die beispielsweise im Falle einer Feuerbrunst sofort eingreifen konnten. Diese Aufgabe fiel den Verwandten, Nachbarn und Freunden zu, die sofort

121 Platon: *Symposion*, z.B. 180c ff.; *Phädros; Lysis* usw.

122 Aristoteles: *Nikomachische Ethik*. Auf der Grundlage der Übersetzung von Eugen Rolfes hrsg. von Günther Bien, Hamburg 1972, VII,6, 1148b. Aristoteles behandelt die Freundschaft in der *Nikomachischen Ethik* allerdings sehr breit, jedoch handelt es sich ausschließlich um Männerfreundschaften und Männerbünde.

123 Vgl. Platon: *Symposion* 212c ff.

124 Vgl. Svenja Wiertz: *Freundschaft*, Berlin, Boston 2020, S. 10 ff.

125 Vgl. die homerische Gesellschaft. Dasselbe war der Fall in der Samurai-Kultur bei Wakashudo in Japan.

herangezogen wurden. Stützen musste man sich auf Männerfreundschaften. Aristoteles unterscheidet in seiner Schrift drei Arten von Freundschaft: *erstens* die nützliche, *zweitens* die vergnügliche, lustvolle und *drittens* die ehrwürdige gemäß dem jeweiligen Alter der Personen. Mit der zweiten dürfte u.a. die Päderastie gemeint sein, die in der ersten ihre Grundlage hat und in der dritten ihre höchste Vollendung findet. Für Aristoteles ist Freundschaft in jeder Hinsicht (griechisch φιλία = Liebe, Freundschaft) eine Tugend, zumindest zur Tugend gehörig, und unerlässlich für das Leben und den Staat.

Wie es in der Antike neben der weniger gesellschaftlich geachteten Prostitution das angesehene sogenannte geachtete Hetärentum gab entsprechend der Mätressenwirtschaft späterer Zeiten, so gab es auch neben den gewöhnlichen homosexuellen Kontakten die gesellschaftlich geachtete Päderastie. Erst die Sittenvorstellungen der katholischen Kirche und die Einführung und Sakralisierung der Ehe, die allein auf legale Kinderproduktion abzielte, führten zur Ächtung der Päderastie, obgleich diese unterschwellig weiterlebte, wie die 1632 erschienene Schrift *L'Alcibiade*, fanciullo a scola[126] zeigt, in der ein italienischer Pater die Einwände seines schönen Schülers gegen die fleischliche Begierde widerlegt.

Erst in jüngerer Zeit ist im Westen, ausgehend, zumindest forciert von Amerika, das stets prüdere Ansichten vertrat, eine Ächtung der Päderastie eingetreten, verbunden mit einer moralischen Ächtung und strafrechtlichen Verfolgung. Insbesondere die im Internet massenhaft verbreiteten Pornobilder und -filme, die auf Misshandlungen der Kinder und Jugendlichen zurückgehen, haben im Sinne des Jugendschutzes zur Ächtung und Negativeinstellung beigetragen. Hinzukommt, dass die Exzesse der zölibatären Priester der katholischen Kirche, die unter dem Mantel der Verschwiegenheit gegen ihre eigene Lehre verstießen, zur Verärgerung der Bevölkerung und zur Aufdeckung der Heuchelei beigetragen haben. Es scheint eher die Heuchelei der Kirche, inzwischen auch die der evangelischen, zu sein als die tatsächlichen Leiden der Betroffenen, die heute zu den immer öfteren und höheren Geldforderungen als Wiedergutmachung des Missbrauchs und der sexuellen Gewalt führen. Wenn selbst harmlose Fotos der kleinen ‚Nackedeis', die im Sommer am Strand spielen und Burgen bauen oder die ihre Mütter ohne Badeanzug ins Wasser schicken, verboten ist und als Pornographie gelten, so scheint das eine maßlose Übertreibung und Prüderie zu sein, da doch Menschen nicht bekleidet in Vollmontur geboren werden.[127]

126 Vgl. *Antonio Rocco and the Background of His ‚L'Alcibiade fanciullo a Scola' (1652),* in: Matthias Duyves, Felix Barner (Hrsg.): *Among Men, Among Women,* sociological and historical recognition of homosocial arrangements, Gay studies and women's studies, University of Amsterdam Conference 1983, Amsterdam 1983, S. 224-232.

127 Gewaltanwendung bei Säuglingen und Kleinkindern muss selbstverständlich bestraft werden, fällt aber nicht unter die traditionelle Päderastie.

Inzwischen ist auch die sexuelle Gewalt von Männern gegen Frauen in den Mittelpunkt eines Kulturkampfes in Spanien gerückt. Angesichts des Sieges der Fußballweltmeisterschaft der Damen und der Medaillenverleihung umarmte der joviale Verbandschef Luis Rubiales die Mittelfeldspielerin Jennifer Hermoso wie alle anderen stürmisch und küsste sie dann plötzlich auf den Mund vor Überschwang und Freude, was in Spanien zum Kulturkampf führte und Rubiales zum Rücktritt zwang.

Man sieht an den vorangehenden Beispielen, wie sehr kulturelle und zeitbedingte Einstellungen im Hintergrund das bestimmen, was moralisch als gut und was als böse gilt und wie sehr sich diese mit der Zeit und Kultur ändern. Moralische Vorstellungen sind nicht a priori im Menschen angelegt und schon gar nicht universell gültig, sondern abhängig von Zeit und Kultur.

7. Kapitel: Die Beziehung von Gut und Böse auf Leben und Tod

In einer Studie, die bewusst und konsequent die Relativität von Gut und Böse in diversen Kulturen und diversen Epochen aufzeigt, ohne der Gefahr der Feyerabendschen Beliebigkeit des *anything goes* zu erliegen, da auch Kulturen und Epochen kontextuelle Zusammenhänge bilden, darf die Beziehung von Gut und Böse auf die Grundbestandteile unserer Existenz, Leben und Tod, nicht fehlen.

Unsere zweitausendjährige, abendländisch-christlich geprägte Geschichte, die unser Denken nachhaltig geprägt und unser Weltbild bestimmt hat und noch heute trotz aller Aufweichungen im Wesentlichen gilt, hat eindeutige Festlegungen der Werte von Gut und Böse in Bezug auf Leben und Tod vorgenommen, die durchaus nicht von allen Kulturen und von allen Gesellschaften geteilt werden, indem sie das Leben positiv konnotiert und mit dem Guten identifiziert, den Tod, die Vergänglichkeit, den Untergang, die Vernichtung als negativ betrachtet, mithin auf die Seite des Schlechten und Bösen rückt. Diese prägende christliche Nomenklatur gründet im Sündenfall. War das Leben des Menschen ursprünglich mit Gott im Paradies vorgesehen, so gelangte mit Adams und Evas Sündenfall und der Vertreibung aus dem Paradies erstmals die Todesvorstellung in das Denken der Menschen. Der Tod ist für Christen Teufelswerk.

Sprachlich wie historisch mag sich diese Auffassung aus den Erfahrungen einer nomadisierenden Hirten- und Viehzüchterkultur, wie es die hebräische des *Alten Testaments* war, erklären, die auf steppenartigem Boden ein karges, entbehrungsreiches Leben führte, statt wie in den üppigen, überquellenden Oasen oder dem Schwemmland von Nil, Euphrat und Tigris die Früchte der Landwirtschaft zu genießen, und die insofern über jede Geburt von Mensch und Tier als Vermehrung und Bereicherung des Stammes sich glücklich schätzte und jeden Verlust von Mensch und Tier als Schaden und Unglück und Verringerung ihrer Kräfte beklagte. Eine große Schar von Kindern zu haben und durchzubringen angesichts der hohen Sterblichkeitsrate und im Frühjahr einen großen Zuwachs an Lämmern und Ziegen und anderen Nutztieren erwarten zu dürfen, bedeutete Glück und Segen, das Gegenteil: Krankheit, Seuchen, Tod und Vernichtung Unglück und Verhängnis.

Und ebenso musste das Weltbild dieses Volkes – dasselbe gilt für viele andere Völker – für eine ausgleichende Gerechtigkeit sorgen, dergestalt dass die in diesem Leben schlecht Weggekommenen, ungerecht Behandelten in einem Jenseits ihre gerechte Belohnung erhielten, während die Ungerechten, Übeltäter und Ungläubigen ihrer gerechten Strafe entgegen geführt wurden, so dass ein jenseitiges Gericht mit Belohnung und Bestrafung entweder im Himmel oder der Hölle für ausgleichende Gerechtigkeit sorgen musste.

Die Vorstellung eines jenseitigen Gerichtes und einer Waage, auf der Ka, die Seele des Verstorbenen im Glauben der Ägypter und das Herz, das als Sitz aller Taten und moralischen Vorstellungen galt, mit einer leichten Feder der Weisheitsgöttin Maat aufgewogen wurde vor einem Richtergott und bewacht von einem Schakal, war bereits in Ägypten bekannt und dürfte von dort übernommen, zumindest beeinflusst worden sein. Wog das Herz mehr als die Feder, so folgte die Verdammung, im anderen Fall je nach Auslegung des Glaubenssystems Glückseligkeit.

Für das Alte Ägypten ist die Fortdauer des Lebens im Jenseits so symptomatisch wie für kein anderes Volk. Man errichtete Gräber, Mastabas, Stufenpyramiden und spitze Pyramiden, später aus Sicherheitsgründen Gräber, die man mit kostbaren Wandmalereien und Hieroglpyhentexten ausstattete und damit als Wohnstätten der Toten einrichtete, man mumifizierte und einbalsamierte die Leichen, um sie für die Ewigkeit zu erhalten, man gab den Toten die gesamte Ausstattung mit, die auch den Lebenden zukam: Streitwagen, Gefährte, Pfeil und Bogen, Liegen, Schränke, Krüge und Vasen, kostbaren Schmuck aus Gold und Lapislazuli, man opferte ihnen Speise und Trank, um sie auch im Jenseits zu versorgen; in der Frühzeit dürfte auch die Dienerschaft geopfert worden sein, die ihren Herrn weiterhin versorgte. D.h. man dehnte das Leben, das man offenbar außerordentlich schätzte, im Jenseits bis in alle Ewigkeit aus. Wenn schon die Beigaben eines unbedeutenden Pharaos wie Tutenchamun, der mit 18 Jahren offensichtlich krank und schwach eines natürlichen oder unnatürlichen Todes starb, derart kostbar waren, dass sie noch heute Tausende von Schaulustigen und Bewunderern in aller Welt auf sich ziehen, wie viel mehr dürfte dies der Fall bei einem bedeutenden Pharao wie Ramses II. gewesen sein. Und dies galt nicht nur für die Herrschenden, die Pharaonen und die Priesterschaft, sondern auch für die Architekten und Handwerker der Gräber, findet man doch in der Handwerkerstadt in der Nähe von Theben ähnlich kostbar ausgehobene und bemalte Gräber, die sich diese für ihr jenseitiges Leben selbst schufen.

Die Vorstellung von der Fortdauer des Lebens nach dem Tod – einem zweiten, ewigen Leben – dürfte auch für Mesopotamien gegolten haben, erfahren wir doch aus dem *Gilgamesch*-Epos, mit welchen Kostbarkeiten der Herrscher von Uruk, Gilgamesch, seinen verstorbenen Freund Enkidu ausstattete, indem er ihm Obsidian, Karneol, Lapislazuli, Kauri-Muscheln und Alabaster mitgab, einen Thronschemel, eine gewaltige Lanze, eine Keule aus Elfenbein, deren Kopf 40 Minen Gold wog, des Weiteren eine Bulle, ein Wurfholz aus „Kalliru", einer Art strahlenden Holzes, einen Flakon aus Lapislazuli, eine Flöte aus Karneol, einen Thron aus Lapislazuli, eine Spange aus Silber, Armringe aus Kupfer, Kästchen aus Alabaster, einen Dolch aus

Lapislazuli, ein Salbgefäß aus Alabaster usw.[128] Er stattete ihn mit allem für das Leben und den Kampf im Jenseits Erforderlichen aus wie auch mit allen Annehmlichkeiten und Schönheiten des Diesseits. Für frühe Völker muss das Leben etwas ungeheuer Kostbares gewesen sein, das wert war, in Ewigkeit fortgesetzt zu werden.

Auch für das Christentum gibt es die Fortsetzung des Lebens nach dem Einschnitt des Todes, gegebenenfalls durch Wiederauferstehung, die für die katholische Kirche sogar zu einer fleischlichen Wiederauferstehung und nicht nur zu einer glaubensmäßigen und geistigen wurde. Auch die Gerichtssituation kehrt im Jüngsten Gericht wieder, ebenso Bestrafung und Belohnung, sei es, dass die Verdammten im Fegefeuer der Hölle schmoren müssen, während die Gerechten und Glückseligen sich eines paradiesischen Lebens erfreuen dürfen.

Auch für die weitere abendländisch-christliche geprägte Tradition war das Leben etwas ganz Besonderes, Kostbares, was nicht nur das Suizidverbot der Kirche begründete, sondern auch den Lobpreis von Dichtern wie Rainer Maria Rilke in seinen *Duineser Elegien*, in denen wiederholt der Ausruf „Hiersein ist herrlich“[129] erschallt, noch deutlicher in der neunten Elegie:

> „Aber weil Hiersein viel ist, und weil uns scheinbar
> alles das Hiesige braucht, dieses Schwindende, das
> seltsam uns angeht. Uns, die Schwindendsten. *Ein* Mal
> jedes, nur *ein* Mal. *Ein* Mal und nichtmehr. Und wir auch
> *ein* Mal. Nie wieder. Aber dieses
> *ein* Mal gewesen zu sein, wenn auch nur *ein* Mal:
> *irdisch* gewesen zu sein, scheint nicht widerrufbar.“[130]

Leben bedeutet Bewusstheit des Seins, Sinngebung, Bewunderung und Anbetung von Schönheit. Dieses Leben, wie immer es ausfallen mag, ob siegreich und ruhmbedeckt oder entbehrungsreich und arm erscheint dem Dichter in seiner Spezifität und Signifikanz lebenswert.

Eine zweite oft vernommene Auszeichnung des Lebens rekurriert auf die Sukzessivität der Zeit, die sich in deren Linearität ausdrückt. Jeder Augenblick dieser Reihe ist einmalig, unwiederbringlich. Ist ein Moment an der Reihe, so ist der eben noch gegenwärtige schon vergangen. Diese Einmaligkeit und Unwiederholbarkeit drückt die Singularität des in jedem Augenblick Erlebten, Gefühlten, Gedachten aus.

128 Vgl. Tafel 6 des *Gilgamesch*-Epos: *Gilgamesch*, aus dem Babylonischen übersetzt und mit einem Nachwort versehen von Stefan M. Maul, München 2007, S. 74-83.

129 Rainer Maria Rilke: *Duineser Elegien*, 7. Elegie, in: Rainer Maria Rilke: *Gesammelte Gedichte*, Frankfurt 1962, S. 466.

130 A.a.O., S. 473.

Während die Tradition des christlichen Glaubens das diesseitige Leben über den Tod hinaus in Form eines zweiten, jenseitigen Lebens suggeriert, schlägt die Moderne und insbesondere die Gegenwart aufgrund ihres wissenschaftlichen Fortschritts andere Wege ein und versucht die Ausweitung des diesseitigen Lebens ins Unbegrenzte mit der Tendenz bis zur Unsterblichkeit.

Zwar war die Erlangung eines ewigen Lebens – zwar nicht eines gealterten, sondern eines ewigen Jungbrunnens – schon immer der Wunschtraum der Menschheit, dem wir bereits im oben erwähnten *Gilgamesch*-Epos begegnen, in dem Gilgamesch sich auf den gefahrvollen Weg zu dem einzig Überlebenden der Sintflut Uta-napischti, einem Double des biblischen Noah, macht und von diesem, wenngleich widerstrebend, den Hinweis auf eine Unsterblichkeit verleihende Pflanze erhält, die er in den Tiefen des Meeres finden soll.[131] Auf seinem Heimweg bei einem Erfrischungsbad lässt Gilgamesch jedoch unvorsichtigerweise diese Pflanze am Rand des Bades liegen, so dass ihr Duft eine Schlange anzieht, die sich dieselbe einverleibt und unverzüglich häutet, – ein Symbol für die ständige, wiederkehrende Verjüngung. Die Unachtsamkeit lässt Gilgamesch für immer die Hoffnung auf einen ewigen Jungbrunnen verlieren und führt ihn in die Realität und Verantwortung für das ihm anvertraute Volk zurück, indem er durch den Bau der großen Mauer um Uruk für den Schutz der Bevölkerung sorgt.

Die sich ständig erweiternden Kenntnis der modernen Wissenschaft und Forschung hat die Menschheit erneut beflügelt, den Traum vom ewigen Leben erneut zu träumen.

Zwar ist das Lebensalter der Menschen in den letzten 100-150 Jahren exorbitant gestiegen,. Belief sich bei Naturethnien die durchschnittliche Lebenserwartung auf 35-40 Jahre, so bei westlichen Menschen 1871/81 nach der ersten allgemeinen Sterbetafel für das damalige deutsche Reichsgebiet auf 38,5 für Frauen und 35,6 für Männer (wobei allerdings die große Sterberate von Säuglingen sich in der Statistik niederschlägt).1950 lag sie schon bei 68,5 bei Frauen und bei 78,3 Jahren für Männer, während sie nach dem statistischen Bundesamt 2020/2022 bereits bei 83,5 für Frauen und l78,3 für Männer betrug. Die älteste bisher bekannt gewordene Frau war die Südfranzösin Jeanne Louise Calment, die am 21.2.1875 in Arles geboren wurde und am 4.8.1997 im Alter von 121 Jahren und 164 Tagen verstarb. Wissenschaftler haben festgestellt, dass es einige Inseln und Festlandsgebiete gibt, auf denen teils aufgrund genetischer Erbanlagen, teils aufgrund bestimmter Lebensweisen und nicht zuletzt aufgrund enger sozialer Beziehungen wie in Familie und Gemeinschaft Menschen ein besonders hohes Alter erreichen,

131 Gemeint sind wahrscheinlich die pflanzenähnlichen, verkalkten (versteinerten) Korallen wie Hirschkorallen.

so auf der italienischen Insel Sardinien, der griechischen Insel Ikaria, der japanischen Insel Okinawa, der Halbinsel Nicoya in Costa Rica usw. Das in den letzten 100 Jahren beträchtlich gestiegene Alter verdankt sich einer gesünderen, vegetarischen Ernährung statt einer mit Tierfetten. Eine Rolle spielen auch Sport und Bewegung und nicht zuletzt die moderne Hygiene, Medizin und Erleichterung im Arbeitsleben.

Um über 120 Jahre hinaus zu kommen, bedarf es jedoch weiterer Mittel und Voraussetzungen, und diese versucht man auf verschiedene Weise zu realisieren: zum einen durch Einspritzen von Stammzellen, d.h. solchen, aus denen alle übrigen Zellen generieren, zum anderen durch Ersetzung alten Blutes durch junges Blutplasma, was zwar bei Mäusen gelingt, nicht jedoch bei Menschen, zum dritten durch Verabreichung von Medikamenten aus der Krebstherapie, die jedoch außer den Fortschritten mehr Schaden anrichten, als Vorteile bringen, da sich Zellen nicht beliebig manipulieren lassen, zum vierten durch Reprogrammierung von Zellen, d.h. von Umkehrprozessen und Verjüngung gealterter Zellen. Vorbild hierfür war die Beobachtung winziger Quallen, der Territopsis-Quallen, die vor Mallorca leben und bei Stress, Temperaturumschwüngen und Alterungsprozessen diese umzukehren vermögen in embryonale Zustände. Des Weiteren versucht man, ein ewiges Leben durch permanente Zellreinigung und Entschlackung zu erreichen wie bei einer Autoinspektion, hier durch Nanobots (Raymond Kurzweil), wobei die Abfallprodukte und der Restmüll der Zellverarbeitung permanent abtransportiert werden, und schließlich durch Einfrieren des Gehirns (Firma Nectome), das nach Jahren oder Jahrzehnten, sogar Jahrhunderten wieder aufgetaut und in einen Computer eingepflanzt werden kann, gegebenenfalls auch mit *body suits* versehen werden, so dass die Person digital weiterlebt. Die Überlegungen gehen sogar dahin, die Sprache einer Person vor dem Tod zu speichern, in Chatbots zu verarbeiten, so dass der leiblich Verstorbene virtuell auch nach dem Tod mit einem Chatenden frei kommunizieren kann. Dasselbe versucht man auch visuell zu erreichen. Das digitale Herunterladen des Bewusstseins nach dem Tod soll es dem Menschen ermöglichen, auch nach seinem Verscheiden mit der Lebenswelt zu kommunizieren, ohne dass er von dieser abgeschottet wäre.

Obgleich die Gurus dieser Forschung wie Ray Kurzweil, Leiter der technischen Abteilung von Google, Jeff Bezos, Aubrey de Grey, Bioinformatiker, und andere die Verwirklichung dieses Programms schon in naher Zukunft sehen, bereits im Jahre 2028 oder etwas später, dürfte es sich hier mehr um ein Wunschdenken denn um eine Realität handeln, gleich ob es um eine Verlängerung des Lebens auf 200 oder 1000 Jahre oder noch länger geht. Nichtsdestoweniger werden Millionen, sogar Milliarden in die Labore der Zukunft im Silicon Valley, der Traumfabrik Amerikas, gepumpt.

Die Kehrseite dieser auf unendliche Lebensverlängerung tendierenden

Einstellung ist, dass die natürliche Auffassung der Zusammengehörigkeit von Leben und Tod, wie sie bei Naturethnien üblich ist und im Abendland auch während des Mittelalters bis zur Neuzeit üblich war, zumindest im bäuerlichen Leben, abhanden gekommen ist. Gehörte sie früher als etwas Natürliches zur Familie, was sich in der vertrauten Namensgebung ‚Gevatter Tod' ausdrückte oder in den Totentänzen, in denen Lebende und der Tod einen Reigen tanzten, so versucht man in der Gegenwart, den Tod zu tabuisieren, als etwas Unverständliches, Unbeherrschbares und damit auch Unheimliches aus dem Bewusstsein zu verdrängen. Dafür sprechen auch eine Reihe von Indizien:[132]

(1.) Ein Großteil der Menschheit, zwischen 55 und 70 %, stirbt heute in Krankenhäusern oder Hospizen, d.h. in einer fremden Umgebung und nicht in der vertrauten häuslichen, in der früher die Leichen oft tagelang aufgebahrt wurden.
(2.) War es für Familienmitglieder einschließlich Kinder früher üblich von Sterbenden Abschied zu nehmen bzw. den Verstorbenen die letzte Ehre zu erweisen, so hält man heute Kinder von dem blassen, oft entstellten Antlitz fern in der Meinung, dass sie durch den Anblick überfordert würden und psychisch Schaden davontrügen.
(3.) Man überlässt die Beerdigung und Trauerfeier Organisationen wie Bestattungsinstituten, die sich um alles kümmern und den Hinterbliebenen die Arbeit abnehmen, damit man nur nicht allzu sehr mit unangenehmen Dingen in Berührung kommt und nach möglichst schneller Abwicklung sich wieder dem normalen Leben zuwenden kann.
(4.) In den USA ist es üblich, die Toten mit Leichenschminke und speziellen Frisuren zu verschönern, um ihnen ein möglichst lebendiges Aussehen zu verleihen, damit sie nicht allzu abschreckend auf die Lebenden wirken. Sichtbar wurde dies vor aller Welt insbesondere bei Marilyn Monroe, die man wie eine Puppe herauspuzte. Inzwischen ist dies allgemein üblich geworden.
(5.) Ebenso hat sich in den USA die Praxis eingebürgert, am Sarg des aufgebahrten Toten mit dem Auto vorbeizufahren und durch die Seitenscheibe einen letzten Blick auf den Verstorbenen zu werfen, der entsprechend vom Bestatter in einem Winkel von 45° zur Durchfahrt ausgestellt wird.

(6.) Der moderne Mensch mit seiner großen Mobilität und Flexibilität versucht, Trennungserfahrungen durch Hyperaktivität und Rastlosigkeit zu kompensieren. Er flüchtet sich geradezu in immer neue Aktivitäten, um

132 Vgl. die Recherchen von Heinrich Pompey: *Fragen zur Einstellung „moderner Menschen" zum Tod*, in: *Sonderdrucke aus der Albert-Ludwigs-Universität Freiburg*. Originalbeitrag erschienen in: Erich Matouschek (Hrsg.): *Arzt und Tod.* Verantwortung, Freiheiten und Zwänge, Stuttgart 1989, S. 33-52.

nicht an den Tod erinnert zu werden oder ihn möglichst schnell zu vergessen, da er sich schlicht überfordert fühlt, Trauerarbeit zu leisten. Das *memento mori* gehört nicht zur modernen Denkweise.

Dies alles sind Indizien, die dafür sprechen, dass der Tod nicht mehr wie in früheren Zeiten als etwas Selbstverständliches zum Leben gehört, wie Licht und Schatten zueinander gehören, sondern als etwas Gewaltsames empfunden wird, das wie in modernen Romanen als Dieb und Mörder beschrieben wird, der einem etwas raubt. Zu trennen ist davon der Schmerz, denn jeder Angehörige und Freund beim Verlust eines geliebten Menschen empfindet.

Die moderne Sichtweise auf Sterben und Tod ist eine negative, die jene Phänomene für unberechtigte Eingriffe in das Leben und somit für böse hält.

Der Grazer Philosoph Peter Strasser spricht in seinem Buch *Die Sprengkraft des Humanismus* unter Bezug auf den amerikanische Wissenschaftshistoriker und Autor Bruce Mazlish (1923-2016) von vier ‚Kränkungen' des modernen Menschen und seines Menschenbildes:

(1.) dass der Mensch nicht nicht mehr wie nach dem ptolemäisch geozentrischen Weltbild im Mittelpunkt des Alls steht, sondern wie im kopernikanisch heliozentrischen Weltbild am Rande,
(2.) dass der Mensch nach Charles Darwin sich evolutionär aus dem Tier entwickelt hat und nicht eine einmalige Schöpfung Gottes ist,
(3.) dass der Mensch nach Sigmund Freud nicht autonom durch Vernunft herrscht, sondern durch das Unbewusste und durch die Triebe bestimmt wird,
(4.) dass das menschliche Gehirn keine bloße Maschine ist und nicht wie eine solche funktioniert.

Dem lässt sich noch eine fünfte Kränkung hinzufügen, nämlich das Scheitern seines Machbarkeitswahns, die in dem cartesischen Ausspruch gipfelt, dass der Menschen *maître et possesseur de la nature* sei, mithin Herrscher über die Natur. Es dürfte für die Menschheit die größte Demütigung bedeuten, den Tod nicht besiegen und überwinden und damit die Herrschaft über alles gewinnen zu können. Das Eingeständnis des Scheiterns totaler Machbarkeit und Verfügbarkeit, das ihn von einem ‚Machenkönnen' zu einem ‚Lassenkönnen' hätte zurückverweisen können, aber entspricht nicht dem modernen Verständnis, das sich krankhaft an die Gottebenbildlichkeit des Menschen und damit an Allmachtsphantasien klammert.

Angesichts der Tatsache, dass man, solange man lebt, das Jenseits des Lebens, den Tod, nicht erfährt und erlebt – nur am Anderen, am Verstorbenen, und dessen verändertem Erscheinungsbild erfährt man den Tod –, steht für die Interpretation des angeblichen Jenseits jede Vorstellung, jedes Narrativ, jeder Mythos zur Verfügung, der sich mit der Zeit zu einem allgemeinen Glauben verfestigt. Daher ist die christliche Auffassung nur eine unter anderen.

Eine ganz andere begegnet im Buddhismus und seiner Vorstellung vom Kreislauf der Reinkarnationen, die der Buddhismus vom Hinduismus übernommen hat und mit diesem ebenso wie mit dem Jainismus teilt.

Das Einzelleben wird hier ebenso wie das Einzelsterben eingebettet gesehen in einen grossen Gesamtprozess, der einen immerwährenden Zyklus der Wiedergeburten und des erneuten Sterbens darstellt und im Sanskrit *samsara* = ‚beständiges Werden' genannt wird, jedoch auch als Rad des Lebens oder als Dharma-Rad bekannt ist. Sein Kausalnexus, der das Ganze in Bewegung hält, wird bestimmt durch das Karma jedes Menschen, demzufolge jede Handlung und Tat, sei es eine physische oder psychische oder geistige, eine Konsequenz und Nachwirkung in einem späteren Leben nach sich zieht und schon von dorther die Wiedergeburt und erneute Existenz eines neuen Lebens verlangt. Keine Haltung bleibt ungesühnt. Die Triebkräfte des Lebens sind sinnliche Gier, Hass und Verblendung. Sie stellen geistige Gifte dar, sind negativ konnotiert und lassen das Leben als grundsätzlich schlecht und böse erscheinen. Religiös rufen sie zur Überwindung der menschlichen Konstitution auf. Insofern kommt dem Kreislauf des Lebens im Gesamtkontext die unterschwellig mitformulierte Aufgabe der Reinigung und Überwindung der Übel zu, auch wenn dies eine schwierige und nahezu uneinlösbare Aufgabe darstellt, die nur wenigen Erleuchteten vorbehalten bleibt.

Höchste Aufgabe des Menschen ist daher das Entkommen aus dem Zyklus des Wiedergeborenwerdens und Sterbens, der schon für sich Bewegtheit, Unruhe, Gehetztsein und Stress mit sich bringt und daher negativ zu konnotieren ist. Der anvisierte Ausstieg und Endzustand, der durch Loslassen von allen Bindungen und von allen Fesseln der Begierden und des Wissensdurstes durch tiefe Einsicht und Erkenntnis möglich ist, ist das Nirwana (Sanskrit) bzw. Moksha (hinduistisch). Es bedeutet keineswegs ein Nichts und Leere, sondern ebenso ein Sein und Fülle, einen Anfangs- und Endzustand, einen Ursprung und ein Resultat zugleich, was nur paradox beschrieben werden kann und persönlich als Erlösung erlebt wird. Insofern ist Nirwana nicht mit dem Einzeltod gleichzusetzen, sondern bedeutet einen spirituellen Endzustand, der gleichzeitig einem embryonalen Anfangszustand der Welt entspricht und Glückseligkeit nach dem schmerzvollen irdischen Dasein von Leben und Tod bedeutet.

Äußerlich deutet sich dieser Grundunterschied zur westlichen Lebensbejahung und zum ewigen Leben schon dadurch an, dass im Hinduismus, Buddhismus und Jainismus kein Haus und keine Wohnstätte für die Toten gebaut wird wie Tempel, Pyramiden und Gräber im Westen, sondern die Toten verbrannt und ihre Asche im Wasser verstreut wird.[133]

Meist empfängt die ikonographische Darstellung des Lebensrades schon an der Außenwand der Vorhalle eines Tempels den eintretenden Besucher und erinnert ihn damit an seine religiös-ethische Verpflichtung, seine Lebenssituation zu erkennen und gegebenenfalls zu ändern. Die bildhafte Darstellung hält dem Gläubigen gleichsam einen Spiegel vor, den durch Meditation und Yogapraxis anzustrebenden, wenngleich schwer zu erreichenden Zustand in den Blick zu nehmen.

Das Lebensrad wird überthront durch einen grimmigen, scharfsinnigen Dämon des Todes und des Unheils, der das Lebensrad fest im Griffe hält. Unterstützt wird er dabei von seinen drei Töchtern: Lust, Unzufriedenheit und Gier. Seinen Kopf schmücken Totenschädel. In der Mitte des Rades um die Nabe sind die drei unheilvollen Triebkräfte des Rades dargestellt: die Gier, das Prinzip des Haben-Wollens, des Immer mehr, als Hahn, der Hass, das Prinzip der Abstoßung, als Schlange und Verblendung, das Prinzip der Unwissenheit, als Schwein. Nach der Lehre des Buddhismus binden diese drei Triebkräfte alle Wesen, Mensch und Tier, an den Kreislauf der Wiedergeburten und verhindern ihre Erlösung. Allein durch Überwindung dieser Kräfte vermag der Mensch den Zustand der Erlösung im Nirwana zu erreichen, der mit Levitation, Schwerelosigkeit, Leichtigkeit und Glückseligkeit sowie absoluter Freiheit verbunden sein soll. Er bedeutet die Entbindung von allen Wünschen und Begierden und bezeichnet einen gleichsam übermenschlichen Zustand.[134]

133 Besonders heilig gilt die Zerstreuung der Asche im Ganges, weswegen an den Rändern des Flusses, besonders in Benares, viele Verbrennungsstädten eingerichtet sind.

134 Vgl. *Samsara*, in: *Wikipedia*, https://de.wikipedia.org/wiki/Samsara; ebenso *Lebensrad*, in: *Wikipedia*, https://de.wikipedia.org/wiki/Lebensrad; *Buddhismus*, in: *Die nichtchristlichen Religionen*, verfasst und hrsg. von Helmuth von Glasenapp, Frankfurt am Main 1959, wiederholte Aufl. 1959, S. 65 ff, bes. S. S. 66.

8. Kapitel: Die Faszination des Bösen

Platon erzählt in der *Politeia* (139e f.) eine amüsante Anekdote. Als Leontios eines Tages auf dem Weg von Piräus nach Athen an der Schädelstätte an der nördlichen Stadtmauer vorbeikam, wo die Hinrichtungen stattfanden und die verwesenden Skelette herumlagen, packte ihn die Neugierde und zog ihn dorthin, während sein Zorn (θυμός), der Vernunft und Einsicht folgend, ihm von dem grauenvollen Anblick abriet. Hin- und hergerissen und lange schwankend, überwog seine Neugierde, so dass er wütend über sich selbst mit den Worten auf die Schädelstätte zulief: „Nun habt ihr euern Willen, ihr Unholde, seht euch satt an dem herrlichen Anblick" Der hier angesprochene θυμός bezeichnet im Griechischen und in der platonischen Psychologie ein mittleres Vermögen zwischen der Vernunft (νοῦς) und der Begierde (ἐπιθυμία), ein Vermögen, das Kraft und Energie aufbringen muss, um der Vernunft, die zwar intellektuell einsichtig, aber willentlich machtlos ist und unfähig, das Eingesehene durchzusetzen, zum Durchbruch zu verhelfen. Im *Phaidros* (253c ff.; 246 a ff.) erläutert Platon die Situation anhand des Gleichnisses vom Rossegespann mit seinen zwei Pferden und dem Lenker, von denen das eine Pferd gutmütig und folgsam ist, das andere wild und ungestüm. Der Lenker bedarf der Gutmütigkeit und Gefolgschaft des ersten Pferdes, um seine Einsicht durchzusetzen. Beide Gleichnisse dienen dazu, ein eigenständiges Vermögen zwischen Vernunft und Trieben zu etablieren, den θυμός, der die Willenskraft zur Verwirklichung der vernünftigen Einsicht aufbringt.

Was Platon darüber hinaus hier schildert, ist die Faszination des Negativen, des moralisch Bösen und ästhetisch Hässlichen, das den Menschen gelegentlich in seinen Bann zieht, und zwar so sehr, dass er nicht widerstehen kann.

Wir beobachten dieses Phänomen auch in unserem Alltag. Wo immer eine Massenkarambolage von Autos, ein Hausbrand, ein Flugzeugunfall oder eine Schiffshavarie stattfindet, strömen die Menschen zusammen, nicht nur, um zu retten, sondern um als Schaulustige, Voyeure, am Spektakel teilzunehmen, zumeist aus sicherer Distanz. Das Schauerliche, Grausame, Ekelerregende kann nicht abstoßend genug sein, das Leiden anderer nicht groß genug, durch eine unheimliche Attraktivität fühlt man sich angezogen mehr denn statt, wiewohl man sich selbst auf der sicheren Seite wähnt.

Dieselbe Faszination üben auch Kriminalromane, Thriller, Schauerromane, Horrorfilme, Computerspiele aus, bei denen der Leser oder Zuschauer in Form von Imagination und Illusion am grausamen, furchterregenden Geschehen teilnimmt, ohne selbst real betroffen zu sein. Im Fernsehen laufen mehr Kriminalfilme und -serien wie der sonntägliche Tatort oder die auf

Wochentage verteilten Serien wie Schwarzwaldkrimi, Nordseekrimi, Flensburgkrimi, Spreewaldkrimi, Masurenkrimi, Erzgebirgskrimi, die Toten vom Bodensee, Inspector Barnaby usw. als alle anderen Filmarten. Tierfilme, historische Dokumentationen, Talkshows, intellektuelle, politische und soziale Runden oder Informationszirkel stehen Kriminalfilmen unverhältnismäßig nach. Die besten Zeiten der Ausstrahlung, die Abende, sind für Kriminalserien reserviert, da dann die meisten Personen von der Arbeit heimgekehrt sind, Freizeit haben und zur Entspannung vor dem Fernseher hocken und sich bei reißerischen Krimifilmen zu entspannen und abzureagieren suchen vom Stress des Alltags. Dasselbe gilt für reißerische Kriminalromane gegenüber schöngeistiger Literatur, vor allem gegenüber wissenschaftlichen Arbeiten und Vorträgen. Sie zählen zu den beliebtesten und begehrtesten Werken, die Massenabsatz finden, wenngleich sie nach einmaliger flüchtiger Lektüre beiseite gelegt oder entsorgt werden, da die Neugierde dann befriedigt ist.

Was also macht die Attraktivität aus? Es ist die Faszination des Außergewöhnlichen, des Verstoßes gegen die Normen, Regeln und Gesetze der Gesellschaft und des Staates, gegen die Uniformität des Alltags, in der man sonst lebt; es ist der Ausbruch aus der befestigten, geschützten, geordneten Welt, die zur Langeweile führt und anödet. Das immer brave Alltagsleben nach Regeln, Sitten und Gebräuchen wird mit der Zeit langweilig, so dass es der Unterbrechung und Abwechslung bedarf. Man sucht nicht einfach nur Abwechslung, man sucht den Kick, und zwar den großen, den man erleben möchte. Man sucht Grenzerfahrung, um Selbsterfahrung zu machen, um seinen Handlungsspielraum auszuloten, um diese Erfahrungen gegebenenfalls in guten wie in schlechten Zeiten nutzen zu können. Oft aber geht die Abenteuerlust noch darüber hinaus. Man treibt es auf die Spitze und überschreitet Grenzen, um zu erkunden, wie weit man überhaupt gehen kann. Die Abenteuerlust lässt einen in unbekannte Regionen vordringen. Ohne diese Grenzüberschreitung wären realiter keine Entdeckungen zu Lande und zu Wasser gemacht worden, geschweige denn im Weltraum von Planeten und fernen Gestirnen. Im Erleben des Exorbitanten, des Erschreckenden und Furchterregenden sucht man nicht nur die gemäßigte Freiheit, von der Albert Einstein in seinem Bonmot ‚Gott würfelt nicht' gesprochen hat, welche die Welt mathematischen Regeln folgend unterstellt, sondern die absolute Freiheit im Sinne des Lutherschen Willkürgottes, die die Welt als total ungebunden und kontingent auffasst, so dass nicht mehr alternativ von Gut oder Böse gesprochen werden kann, sondern von beiden gleichermaßen.[135]

135 Die allerneueste Form des Extremtourismus auf der Suche nach dem berühmt-berüchtigten Adrenalin-Kick ist der Kriegstourismus in Kriegsgebiete wie Mogadischu, Somalia, das Kurdengebiet in Syrien, Afghanistan, der Besuch bei Guerillakämpfern in Kolumbien usw., der durch Tourismusorganisationen wie *Warlord*-Tourismus gemanagt wird. Offensichtlich langweilen sich insbesondere Westler, Europäer wie Amerikaner, derart, dass sie auf der Flucht vor

Bei diesem Austasten seiner Möglichkeiten geht es nicht nur um die Außenwelt, sondern auch um das Innenleben, die Psyche, indem man die Abgründe des Seelenlebens, die Perversionen zu erkunden sucht. Zu dieser Abenteuerlust gehört auch der Gang ins Unbewusste, Abnorme, Amoralische. Nicht nur die Expedition ins Eismeer, die Besteigung von Achttausendern im Himalaja, das Bungee-Springen ohne Absicherung oder die Talüberquerung auf dem Seil ohne Fangnetz, sondern auch Innovationen und Experimente mit neuen Medikamenten (Psychopharmaka) und Drogen, die die Gefahr des Abdriftens und Scheiterns in sich bergen und nachhaltige Schäden verursachen können. Wie wäre sonst verständlich, dass Drogen eine solche Faszination ausüben, obgleich jedermann weiß und sieht, zu welchen traurigen Resultaten sie führen, wenn man die Großstädte Amerikas und ihre Drogenszenen durchstreift. Stets handelt es sich um Ausbrüche aus der gewohnten, geordneten und daher ‚heilen' Welt in eine unbekannte, nicht geordnete Welt, in der die Abgründe des menschlichen Seins zum Vorschein kommen.

Man könnte sich die Frage stellen, ob auch der Ausbruch aus einer unheilvollen bösen, mafiösen Welt in eine ihr entgegengesetzte, geordnete und gefestigte dieselbe Attraktivität ausübte. Hätte jemand in der amoralischen Welt plötzlich das Bedürfnis, an die Stelle von Betrug und Fälschung Ehrlichkeit, Wahrhaftigkeit und Treue zu setzen, so würde das sicher seine Mitgenosssen verdutzen und erstaunen, aber nicht wirklich faszinieren. Was attrahiert, ist eine Portion Bosheit, die in allen Menschen neben dem Guten schlummert.

Während Platon für die Faszination des Bösen ein eigenes Vermögen innerhalb seiner triadischen Psychologie ansetzte, die Neugier, die zu den Be-

dem Alltag sich in lebensgefährliche Situationen begeben und dafür noch Tausende von Dollar oder Euros ausgeben, um den ultimativen Kick zu erleben. Ein Wochenende soll $ 20'000 kosten, bei längeren Aufhalten $ 400'000, bei Rücktransport mit Sarg noch mehr. Besonders teuer ist ein Gespräch mit der Guerilla im Dschungel von Kolumbien (vgl. Artetv, 30.1.2024). Was sind die Motive dieses Extremtourismus, dessen Urlauber dorthin fahren, wo andere sterben? Die Anhänger bezeichnen sich zwar als aufgeklärte Extremtouristen, die sich vor Ort ein Bild von der Kriegssituation machen möchten und selbst die Informationen von Kriegsjournalisten hinterfragen wollen, die Flüchtlinge in Flüchtlingslagern sprechen und Kinder mit kleinen Geschenken erfreuen wollen. Ich vermute jedoch, dass auch hier ein typisch menschlicher Hang, die Abgründigkeit des menschlichen Daseins zu erfahren, vorliegt genauso wie bei den Extremtouren auf die höchsten Achttausender oder bei Schluchtenüberquerung auf schmalem Band ohne Rettungsseil. Etliche der befragten Personen wollten als Jugendliche selbst in den Krieg ziehen und ihr ‚Vaterland verteidigen', was durch Krankheit oder Unfall verhindert wurde. Ein Zug von Kriegsromantik und -schwärmerei scheint mitzuschwingen. Möglicherweise verbirgt sich dahinter jedoch ein tieferer menschlicher Hang zur negativen Aggressivität.

gierden zählt, geht die Psychologie unserer Tage andere Wege und erklärt den Vorgang als Relikt evolutionärer Verhaltensmuster.[136]

In der Urzeit – und seitdem immer wieder – musste der Mensch Gefahren bestehen und meistern, z.B. im Kampf mit wilden Tieren. Er musste bei der Eroberung neuer, fremder oder feindlicher Gebiete allerlei Ungemach hinnehmen, was Angst auslöste, andererseits zwecks Überleben Kräfte mobilisierte, um diesen Kampf bestehen zu können. Die von der Psychologie[137] vertretene These ist die, dass Angst in Stresssituationen nicht nur Fluchtreaktionen auslöst, sondern auch Endorphine im menschlichen Gehirn freisetzt, die gewisse Gefühle des Starkseins und des Glücks erzeugen, welche den Menschen den Kampf mit dem Feind aufnehmen lassen und selbst im Falle des Scheiterns aktivieren. Man spricht dann von einer letzten Kraftanstrengung oder Aufwallung der Kräfte, die zum Sieg führen können, auch wenn dieser schon aussichtslos erschien. In Notsituationen wachsen bekanntlich die Kräfte.

Nach Beendigung des Kampfes – so die These – würden die angstauslösenden Hormone schneller abgebaut, während die euphorisierenden länger andauerten. Für unsere Vorfahren sei dies wichtig gewesen, um bei Verwundung im Kampf nicht sogleich aufzugeben, sondern weiterzumachen. Nicht zuletzt führt die oftmalige Wiederholung von Angstsituationen zu einer Reduktion von Angst. Psychologen nennen den Vorgang daher auch ein „emotionales Trainingsprogramm“[138].

Da das Angstsystem wegen seiner Ursprünglichkeit und Primitivität nicht zwischen Realität und Imagination bzw. Illusion zu unterscheiden vermag, werde die Imagination bzw. Illusion als Realität erlebt. Das trifft besonders für Horrorromane und filme zu, die über die Phantasie ablaufen und bei denen das Vorgestellte als Realität erlebt wird.

Gleichzeitig bei der Erfahrung des Schrecklichen und Erschreckenden, die den Kitzel auslösen, fühlt man sich auf der sicheren Seite, indem man bei Horrorfilmen jederzeit wegschauen, beim Lesen eines Schauerromans das Buch in jedem Moment beiseite legen kann. Selbst beim Bungee-Springen hält sich hartnäckig die Illusion, durch feste Bänder gesichert zu sein. „Das Böse, es muss uns nahe kommen – und doch weit genug entfernt sein.“[139]

In diese Rubrik gehört auch die aristotelische Theorie von der Wirkung des Schauspiels auf das Gemüt des Zuschauers, wie sie später von Gotthold

136 Vgl. Borwin Bandelow in etlichen Artikeln im Internet. Vgl. auch Rainer Harf und Sebastian Witte: *Der Reiz des Bösen*, in: *Geo Wissen*, Nr. 69, S. 72-81, bes. S. 74.

137 Vgl. Rainer Harf und Sebastian Hitte: *Der Reiz des Bösen*. a.a.O., S. 74.

138 Vgl. a.a.O., S. 77.

139 Vgl. a.a.O., S. 81.

Ephraim Lessing[140] und Friedrich Schiller[141] wieder aufgenommen und in der Formel von ‚Furcht und Mitleid' zum Ausdruck gebracht wurde. Aristoteles spricht vom φόβος = ‚Furcht' und ἔλεος = ‚Mitleid'. Wir erleben das Leiden des Helden auf der Bühne unmittelbar und ‚hautnah' mit und doch in sicherem Abstand; wir fühlen und leiden mit ihm, ohne selbst real betroffen zu sein, und bleiben uns dessen stets bewusst. Dieses Miterleben soll eine Reinigung (Katharsis) unserer Emotionen bewirken. Schiller nannte die Bühne daher auch eine „moralische Anstalt"[142], auf der wir den Umgang mit Gefahren, Schrecken und Grausamkeiten des Lebens lernen.

Psychologisch beruht die kathartische Wirkung auf einem Phänomen, wonach sich Gefühle im Kontrast zu anderen oder in der Verfremdung bestärken. Gefühle wie Angst, Furcht, Kummer schlagen in eine umso größere Freude um, wenn man sich von ihnen zu befreien vermag. Sie lösen dann eine extreme Lustempfindung aus. Je höher die Spannung in der Angst und Furcht ist, desto größer ist die Entspannung. So ergeht es einem auch in der Musik, wenn die Auflösung von Disharmonie in Harmonie umschlägt.

Eine zweite Erklärung könnte darin bestehen, dass der Zuschauer im Mitleiden mit dem Helden auf der Bühne sich inne wird, dass er selbst jetzt noch einmal glimpflich davongekommen ist und demnächst in der Realität besser auf die Situation achten muss.

Zunächst aber muss das Böse und die absolute menschliche Freiheit der Entscheidung für dasselbe in seiner ganzen Dramatik mit dem Schauspieler auf der Bühne miterlebt und miterfahren werden wie in Schillers *Räubern*, wo sich Karl von Moor über das „tintenklecksende Säkulum"[143] und „schlappe Kastratenjahrhundert"[144] beklagt, das zu Schneckengang verdorben habe, was Adlerflug geworden wäre. Konformes, gesetzliches Handeln übt auf Karl von Moor keine Attraktivität aus. Was ihn fasziniert, ist vielmehr absolute Gesetzlosigkeit. „Ich soll meinen Leib pressen in eine Schnürbrust und meinen Willen schnüren in Gesetze. [...] Das Gesetz hat noch keinen großen Mann gebildet, aber die Freiheit brütet Kolosse und Extremitäten aus."[145]

140 Gottfried Ephraim Lessing: *Hamburgische Dramaturgie,* in: *Gesammelte Werke*, Bd. 2, hrsg. von Wolfgang Stammler, München 1959, S. 327-775.

141 Friedrich Schiller: *Über den Grund des Vergnügens an tragischen Gegenständen,* in: *Sämtliche Werke,* auf der Grundlage der Originaldrucke hrsg. von Gerhard Fricke und Herbert G. Göpfert, München 1959, Bd. 5, S. 358-372.

142 Friedrich Schiller: *Was kann eine gute stehende Schaubühne eigentlich bewirken? (Die Schaubühne als eine moralische Anstalt betrachtet),* in: *Sämtliche Werke,* a.a.O., Bd. 5, S. 818-831.

143 Vgl. Friedrich Schiller: *Die Räuber*, in: *Sämtliche Werke*, a.a.O., Bd. 1, S. 502 (1. Akt, 2. Szene).

144 A.a.O., Bd. 1, S. 503.

145 A.a.O., Bd. 1, S. 504.

Und in der Schrift *Über den Grund unseres Vergnügens an tragischen Gegenständen* kommt Schiller nochmals darauf zu sprechen, dass das, was uns wahrhaft fasziniert und mitreißt im Schauspiel die absolute Freiheit und Fähigkeit zum Bösen ist, die offen ist für alle möglichen Laster und Unsittlichkeiten, und dies umso mehr, weil diese mit Bewusstsein und Willensstärke geschehen. Es handelt sich um die absolute Verkehrung der Sittlichkeit in Unsittlichkeit, zu der es nur einer einzigen freien Entscheidung bedarf. Dieses Kennzeichen absoluter Freiheit macht das Faszinosum aus.

Dennoch ist Schiller Aufklärer genug, um von der kathartischen Wirkung der Faszination des Bösen überzeugt zu sein, die zur Sittlichkeit und zum Guten zurückführt.

Wirkliche Perversionen, die zu Sadismus und Masochismus führen, sind Abnormitäten des Verhaltens, wenn die Genugtuung am Leid des anderen zur Lust an dessen Quälerei wird und das eigene Leid durch den anderen zur lustvollen Selbstquälerei avanciert.

Der erstere Exzess wurde erstmals von Donatien Alphonse François Marquis de Sade (1740-1814) in seinen mit philosophischen Passagen durchsetzten Romanen beschrieben, deren bekannteste die folgenden sind:

– der unvollendete gebliebene Episodenroman *Die 120 Tage von Sodom oder die Schule der Libertinage* (*Les 120 Journées de Sodome* [1785]), in dem er Gewaltorgien und Obszönitäten beschreibt,
– *Justine oder vom Missgeschick der Tugend* (*Justine ou les Malheurs de la vertu* [1791]),
– den Roman *Juliette* (1796), in dem er das Leben einer Kurtisane, Kriminellen und Nicht-Tugendhaften in den Mittelpunkt stellt und damit die Schwester von Justine meint,
– *die unmoralischen Lehrer oder die Philosophie im Boudoir* (1795), in dem er die Initiation einer jungen Adligen durch eine ältere Frau durch sexuelle und intellektuelle Gespräche beschreibt.

Das Grundthema dieser Romane ist die unbeschränkte Dominanz und Macht einer Person über eine andere, deren Unterwerfung, Demütigung und Vergewaltigung Lustgefühle im Verursacher auslösen.

Alle diese Romane sowie weitere Theaterstücke, Reiseberichte und politische Stücke wurden von de Sade hinter Gittern in Gefängnissen geschrieben, in die er wegen seines amoralischen und atheistischen Lebenswandels verbannt wurde, und gegen Ende seines Lebens in einer Irrenanstalt. Die Werke fielen sowohl im damaligen Frankreich wie im heutigen Deutschland wegen Jugendgefährdung der Zensur zum Opfer, wurden jedoch später im Zuge der Freiheit künstlerischen Schaffens freigegeben.

Die Bewertung Sades und seiner Thematik von Lust und Qual ist geteilt und schwankt zwischen Zustimmung und Protagonismusfunktion sowie Verurteilung wegen Gewaltexzessen und Pornographie. Wurde de Sade für die Surrealisten weitgehend zum Vorbild, so für Theodor W. Adorno und Max Horkheimer zum Aufklärer der Aufklärung gegenüber dem Primäraufklärer Kant, der über seine eigene Aufklärung offensichtlich unaufgeklärt blieb. Wurde er von einer sich moralisch gebenden, prüden Gesellschaft verdammt, so steht ihm die heutige Moral und freizügige Gesellschaft mit mehr Verständnis gegenüber.

Nach medizinisch-psychologisch-forensischen Klassifikationskriterien ist Sadismus eine pathologische Steigerung der Dominanz über einen anderen, einhergehend mit destruktiven Praktiken wie der Zufügung von Schmerzen, Fesselung, Verbrennen, Verwunden, Schlagen u.ä., die den Ausführenden selbst zur Lust anregen. Es ist das Delektieren am Schmerz anderer, zumeist in Form eines Rollenspieles zwischen Dominantem und Submissivem. Vorbilder hierfür gibt es allenfalls in Praktiken des Tierreiches,[146] worauf schon Friedrich Nietzsche hingewiesen hat, wenn er das Verhalten von Primaten anführte.

> „Leiden-sehn thut wohl, Leiden-machen noch wohler – das ist ein harter Satz, aber ein alter, mächtiger, menschlich-allzumenschlicher Hauptsatz, den übrigens vielleicht auch schon die Affen unterschreiben würden: denn man erzählt, dass sie im Ausdenken von bizarren Grausamkeiten den Menschen bereits reichlich ankündigen und gleichsam ‚vorspielen'. Ohne Grausamkeit kein Fest: so lehrt es die älteste, längste Geschichte des Menschen – und auch an der Strafe ist so viel F e s t l i c h e s! – "[147]

Das Mitansehen scheußlicher Quälereien wie Mordtaten und Hinrichtungen, das Miterleben ganzer Orgien von Blutrausch kann für gewisse Personen erregend und lusterfüllend sein und zu einem Blut- und Sexualrausch führen.[148]

Nach Erich Fromm lassen sich sowohl eine sexuelle wie nicht-sexuelle Ausprägung unterscheiden, wobei es im ersteren Falle um sexuelle Befriedigung geht, im zweiten um das Ausleben von Allmachtsphantasien, um Überführung von Ohnmacht in Allmacht.[149]

146 Vgl. Erich Fromm: *Anatomie der menschlichen Destruktivität.* a.a.O.

147 Friedrich Nietzsche: *Genealogie der Moral*, in: *Sämtliche Werke.* Kritische Studienausgabe in 15 Einzelbden., hrsg. von Giorgio Colli und Mazzino Montinari, Berlin, New York 1988, Bd. 5, S. 245-412, bes. S. 302.

148 Vgl. Andreas Mokros: *Sexueller Sadismus.* Aktueller Wissensstand und die Kodierung gemäss DSM-5-TR und ICD-11, in: *Forensische Psychiatrie, Psychologie, Kriminologie*, Bd. 15 (2021), S. 39-46.

149 Erich Fromm: *Anatomie der menschlichen Destruktivität*, a.a.O., S. 320 und 326.

Masochismus ist die Umkehrung. Der Name wurde eingeführt von dem deutsch-österreichischen Psychiater und Rechtsmediziner Richard von Krafft-Ebing, der sich damit auf den Schriftsteller Leopold von Sacher-Masoch bezog, der in seinen Schriften wie *Venus im Pelz* von 1870 „vertraglich geregeltes und theatralisch inszeniertes Schmerz- und Unterwerfungsverhalten in Beziehungen [von Männern] zu Frauen“ geschildert hatte.[150] Masochistische Praktiken, die ebenso sexueller wie nicht-sexueller Art sein können, sind Selbstverletzungen und verstümmelungen wie Knochenbrüche, Fingerabhacken, Verwundung u.ä., die man sich teils selbst zufügt, teils durch andere zufügen lässt und die mit Schmerzen verbunden sind, jedoch zugleich Wollust erregen. Auch sie setzen ein Rollenspiel zwischen Mann und Frau voraus, gegebenenfalls wie im ersten Fall ein fiktives, im zweiten ein reales.

150 Vgl. *Masochismus*, in: *Wikipedia*, https://de.wikipedia.org/wiki/Masochismus; vgl. Leopold von Sacher-Masoch: *Venus im Pelz*. Mit einer Studie über den Masochismus von Gilles Deleuze, Frankfurt a. M. 1980, S. 62 f.

9. Kapitel: Das Verhältnis von Ästhetik und Ethik, demonstriert am Hässlichen und Bösen

Wir pflegen Hässlichkeit und Bosheit zu unterscheiden, indem wir die erstere der Ästhetik zuordnen, die letztere der Ethik. Uns interessiert in diesem Kapitel die Frage, ob Hässlichkeit als Oberflächenerscheinung und Schein genauso auf den Menschen und seine psychische Verfassung wirkt wie umgekehrt Schönheit, deren schöner Schein stets für das Gute, Positive, für den Eintritt von Ruhe und Ausgeglichenheit sowie innere Harmonie in Anspruch genommen wurde. Schönheit, nicht Hässlichkeit wurde jahrhunderte-, ja jahrtausendelang herangezogen für die Ästhetik und ihre Wirkung auf den Menschen, so dass nur von ‚schönen Künsten' die Rede war. Hässliche Kunst galt als *contradictio in adiecto*, was sich allerdings in der Moderne geändert hat.

Die westliche Kunsttradition, die wir mindestens bis auf das Alte Ägypten sowie ihre Fortsetzung über die minoische bis zur griechischen Kunst und weiter zur deutschen Klassik, zu Goethe, Schiller und Winckelmann (Klassizismus), zurückführen, war stets um Vervollkommnung der Schönheit bemüht, indem zunächst aus grobem, unförmigem Material Natürliches imitiert wurde, indem man Säulen an Papyrusschäften orientierte oder unbewegliche Statuen durch Fußverschiebung mit dem Eindruck von natürlicher Beweglichkeit ausstattete oder später das Natürliche und eventuell nicht ganz ideal Gestaltete zur vollendeten Harmonie stilisierte und dadurch zum Paradigma für die gesamte weitere europäische Tradition erhob. Das schließt nicht aus, dass Kunst, was noch an der afrikanischen und indianischen Kunst sichtbar ist, ursprünglich auf magische Traditionen zurückgeht. Die Entwicklung aber zielte seit den Griechen auf Harmonie und Einheit, nicht auf gleichförmige, stereotype Harmonie, wie wir sie an schönen Sonnenuntergängen oder ebenmäßigen Gesichtern beobachten, die häufig langweilig und kitschig wirken, sondern auf eine Harmonie der Gegensätze,[151] bestehe sie in der Einheit von Form und Inhalt oder in der Einheit konträrer Formen und Farben. Hässliche Kunst war nicht beabsichtigt, und wenn sie in gnomischen Darstellungen auftauchte, wurde sie entweder idealisiert wie beim Barberinischen Faun[152] oder zu anderen Zwecken wie dionysischen Feiern verwendet und später in die Keller von Museen verbannt.

Nachdem man alle Kategorien der Kunst unter das Diktat der Schönheit gebracht und mit allen Definitionsversuchen das Eigentliche und Wesenhaf-

151 Das genaue Studium antiker Statuen zeigt beispielsweise, dass eine scharf geschnittene Nase in Kombination mit einem sehr weichen Kinn erst Harmonie abgibt und andernfalls zu hart oder zu weich wirken würde.

152 Zu bestaunen in der Münchener Glyptothek.

te der Kunst zu erfassen durchdiskutiert hatte, so etwa mit Individualismus, Singularität, Signifikanz, Selbstidentität, Innovation, Effekthascherei und schließlich mit der bloßen Besucheranzahl vor einem Gemälde in Museen (aus Ermangelung anderer sinnvoller Kriterien), wusste man keine bessere Hypostasierung mehr, als zur hässlichen Kunst überzugehen als dem einzig noch Offenen und Ausstehenden.

Unter dem Einfluss der Romantik und der damit eingeleiteten Nachklassik, die das Charakteristische, nicht mehr das Schöne betonte, befasste sich Karl Rosenkranz in seinem 1853 erschienen Buch *Die Ästhetik des Häßlichen*[153] erstmals mit den Arten der Hässlichkeit und versuchte eine Klassifikation derselben. Er unterschied *erstens* das Naturhässliche, *zweitens* das Intellektuellhässliche oder Geisthässliche und *drittens* das Kunsthässliche und versuchte dies durch Beispiele zu belegen. In der Natur begegnet Hässlichkeit sowohl bei Leblosem wie organisch Lebendigem, bei Pflanzen wie bei Tieren, und hier als Veränderung, wie sie im Alterungsprozess, Verfall und Vergehen vorliegt. Bei Tieren gab die Größe und Unförmigkeit von Elefanten und Nilpferden das Paradigma ab.[154] Bezüglich des geistig Hässlichen nennt Rosenkranz einerseits äußerliche Auffälligkeiten wie körperliche Krankheiten, andererseits geistige wie Blödheit, Verrücktheit, Wahnsinn, aber auch moralische Übel wie Neid, Hass, Lüge, Geiz, Wollust.[155] Das Kunsthässliche ist laut Rosenkranz nicht für sich existenzfähig, sondern tritt stets in Abhängigkeit vom Schönen und dessen Selbständigkeit auf. Es hat folglich derivativen, privativen Charakter. In Kombination mit Schönheit ergibt es das Tragische oder Komische und, auf die Spitze getrieben, die Karikatur, Fratzenhaftigkeit, Groteske. das Pikante. Mit dieser Aufzählung gab Rosenkranz erstmals einen Eindruck von der Vielfalt hässlicher Erscheinungsweisen.

Darüber hinaus versuchte er eine Charakteristik des Hässlichen, indem er das Nichtschöne, unter folgende Kriterien stellte:

(1.) unter Formlosigkeit, bestehend in Nicht-Einheit und Nicht-Abgeschlossenheit, in Unbestimmtheit der Gestalt oder auch in Asymmetrie und Disharmonie,
(2.) unter Inkorrektheit bezüglich der Natur und der Geschichte (physische, psychische und historische Inkorrektheit). Hier führt Rosenkranz das Weglassen notwendiger Momente oder die Ergänzung und Zutat von Heterogenem an sowie unpassende Veränderungen[156] und demonstriert dies an der Missachtung des Schwergewichtes von Bauten, falschen Umrissen, Verfeh-

153 Karl Rosenkranz: *Die Ästhetik des Häßlichen,* Stuttgart 2007.

154 A.a.O., S. 27 ff.

155 A.a.O., S. 35.

156 A.a,O., S. 116.

lungen von Farben und Beleuchtung, was in die Richtung von Parodie, Satire und Komik geht,
(3.) unter Deformation oder Verbildung, die für Rosenkranz in Abnormität wie dem Gemeinen, Kleinlichen, Schwächlichen, Niedrigen, Widrigen besteht, ebenso wie im Plumpen, Abgeschmackten, Scheußlichen, Ekelhaften, Gespenstischen und Diabolischen.

Es sind teils objektive, teils subjektive Kriterien, die Rosenkranz anführt. Man mag seinen Einteilungen und Differenzierungen zustimmen oder nicht, wichtig war es, darauf aufmerksam gemacht zu haben sowohl in der Kunst wie in den Kunsttheorien und sie zum Gegenstand von Analysen erhoben zu haben.

Inzwischen ist die hässliche Kunst auf dem Vormarsch und hat sogar die schöne Kunst aus ihrer maßgebenden Rolle verdrängt. Hässliche Kunst ist gesellschaftsfähig geworden und scheint unverzichtbar zu sein. Nicht nur erregte die Wiener Schule der Neukünstler um Egon Schiele, zu der zeitweilig auch Oskar Kokoschka, Max Oppenheimer und Anton Kolig gehörten, schon Anfang des 20. Jahrhunderts Aufsehen wegen ihrer bewusst hässlichen menschlichen Darstellungen, inzwischen übertrumpfen sich die Künstler in der Hässlichkeit und Geschmacklosigkeit ihrer Repräsentationen. So stand eine Ausstellung in der Basler Kunsthalle 2017 unter dem Titel „Ungestalt", auf der Adrián Villar Rojas verrottete Lebensmittel in einer Tiefkühltruhe präsentierte und die ukrainische Künstlerin Olga Balema Textilien schlampig platzierte. Inzwischen ist eine ganze Kunstszene unter dem Namen Ugly Art herangereift, die nicht nur ‚traditionelle Kunstwerke' umfasst, sondern auch kunstfreie Artefakten wie Streetkunst, Popart, Graffiti, Straßeninstallationen u.ä. Die neue moderne Kunst will schockieren, wachrütteln, provozieren und scheint vor nichts zurückzuschrecken wie die Young British Art, die Pornographisches in ihren Darstellungen mit heranzieht, indem sie aus dem Gesicht nackter Schaufensterpuppen Genitalien hervorragen lässt wie Jake and Dinos Chapman.[157] Obszönität und Geschmacklosigkeit feiern gegenwärtig wahre Trümpfe.

Uns interessiert die Frage, ob das Hässliche in der Kunst genauso auf die Seele wirkt wie Schönheit, die jahrhundertelang wegen ihrer erfreulichen, lustvollen Wirkung auf das Gemüt geschätzt und gesucht wurde. Es sind folgende Stadien zu beachten:

(1.) Ein Objekt, mag es an sich schön oder hässlich sein, kann methodisch in der Darstellung gut oder schlecht wiedergegeben werden. Bei einer gu-

157 Vgl. *Young British Artists Jake und Dinos Chapman*, in: *Wie hässlich darf ein Kunstwerk sein*? von Karin Cerny, 26.11.2021, in: *Kunst Mag* 21.

ten, treffenden, gelungenen Darstellung sprechen wir von Könnerschaft, bei einer misslungenen, hässlichen von Unfähigkeit oder Misslingen. Methodische Unzulänglichkeit lässt meist auf Anfänger- oder Schülerschaft schließen; einem Meister darf dies nicht passieren.

(2.) Ein inhaltlich, moralisch abstoßendes und verwerfliches Kunstobjekt, z.B. Kriege und Schlachtenszenerien, die in der Realität blutig und grausam sind, wurden in der Vergangenheit zumeist ästhetisiert und idealisiert, kurzum, verschönert, um dem Auftraggeber und Sieger, meist einem König oder Fürsten oder Feldherrn, zu schmeicheln und seinen Ruhm zu mehren. Indem edle Pferde, prächtige, farbige Rüstungen und wehende Helmbüschel, stolze Ritter, bunte Fahnen und Standarten, unendliche Heerscharen dargestellt wurden, überwanden sie die Grausamkeit. Alles lief auf einen Genuss der Kunst hinaus, der zum Eintauchen in dieselbe aufforderte. Darauf weisen auch die Ausdrücke wie ‚vertieft sein in', ‚in einem Kunstwerk aufgehen', ‚in dasselbe eintauchen', ‚hingegeben sein an dasselbe' und dergleichen.

(3.) Werden hässliche Kunstobjekte hässlich dargestellt wie nicht nur in der Epoche der Wiener Neukünstler, sondern weitgehend in der modernen Kunstszene, so erzeugt das entweder den Eindruck der Alltäglichkeit und Banalität, so dass man sich gelangweilt abwendet, oder des Schockierens, so dass man unangenehm berührt wird. Das Ziel dieser hässlichen Kunst besteht in der Absicht des Wachrüttelns, des Distanzierens und Provozierens, so dass zu fragen ist, wie weit die Wirkung der hässlichen Kunst reicht: Bewirkt sie nur ein Angestoßensein, das allenfalls dem Dargestellten kritisch gegenübersteht, um dasselbe rational zu reflektieren, oder geht sie tiefer und bewirkt eine Performance des Betrachters zum Bösen?

Bei der Beantwortung der Frage haben wir zu unterscheiden zwischen unbewegten und bewegten Kunstobjekten, wobei die bewegten wie Film, Computerspiele, Tanz aufgrund der physischen Übertragung von Bewegungsimpulsen stärker auf die Person einwirken als unbewegte Kunst wie Gemälde und Literatur. Prosa und Poesie wirken aufgrund der Symbolik der Sprache und deren vermittelnder Stellung verständlicherweise weniger auf den Menschen ein, es sei denn, dass sie wie Vorlesungen und Gedichte mündlich vorgetragen werden und damit die Emotionalität anregen. Musik nimmt eine Mittelposition ein.

Wie sehr äußere Formen, Gestalten, Bewegungen und Farben auf die innere Psyche des Menschen einwirken, ist von der Phänomenologie immer wieder festgestellt und diskutiert worden. So wirken kleine, niedrige, feste, aufrechte Säulen wie in romanischen und byzantinischen Kirchen, in denen die Personen auf Augenhöhe mit den Heiligen verkehren, stabilisierend auf das Rückgrat, veranlassen zu einer aufrechten, geraden Haltung und formen einen ebensolchen aufrechten Charakter, während die schlanken, himmelstürmenden Säulen gotischer Kirchen den Blick aufwärts mitreißen in unbestimmte Höhen und in ein Jenseits mitziehen, während unregelmäßig verschnörkelte barocke Formen eher verwirren.[158] Die Wirkung des Chromatischen hat Goethe in seiner Farbenlehre ausführlich studiert und beschrieben. Während ein kräftiges Orange oder Glutrot nicht nur die Wärme steigert, sondern glüht und verbrennt, wirkt ein kaltes Blau distanzierend und abkühlend und ein Grün wie auf den Wiesen beruhigend, ein Violett anregend u.ä.[159]

In den modernen Computerspielen, die immer realistischer die Wirklichkeit imitieren, ist der Spieler nicht nur von außen als passiver Zuschauer beteiligt, sondern spielt aktiv mit. Indem er mit den anderen Figuren interagiert, schlüpft er in deren Rolle ein, beteiligt sich aktiv an Jagd, Kampf, Krieg, Erschießung, Abknallen, so dass Imagination und Realität ineinander übergehen und ununterscheidbar zusammenfallen. Das Eintauchen in das Spielgeschehen und die Identifizierung mit diesem lässt den Mitspieler selbst zum Verbrecher werden. Hierin liegt die Gefahr solcher gewaltverherrlichenden Spiele, da die Grenzen zwischen Fiktion und Realität verwischen.

Zwar ist die Wirkung bei Filmen etwas geringer, da der Zuschauer zwar optisch in die Handlungen der Schauspieler eintaucht, sich aber jederzeit wieder zurückzuziehen vermag auf seinen festen Platz im Kinoraum und damit die Distanz zum Geschehen auf der Leinwand selbst herstellen kann. Der Kinobesucher bleibt Zuschauer, ähnlich wie beim Besuch eines Theaterstückes, bei dem der Zuschauer mit dem Helden auf der Bühne zwar mitleidet, aber seine Distanz zu diesem nicht verliert. Allerdings soll es schon vorgekommen sein, dass in unruhigen, bewegten Zeiten Zuschauer revolutionärer Theaterstücke derart animiert und mitgerissen wurden, dass sie unmittelbar zur Revolte aufbrachen.

Eine ähnlich starke Wirkung wird der Musik und ihren bewegenden Tönen zugeschrieben, obgleich es zeit- und kulturbedingte objektive Unterschiede gibt wie die gewöhnungsbedürftigen zwischen der antiken und der neuzeitlichen Tonleiter sowie der modernen Schönbergschen Zwölftonleiter oder zwischen der westlichen und östlichen türkisch-arabischen Musik, zwischen traditioneller Musik und modernem Jazz. Darüber hinaus scheint es objektive Misstöne zu geben wie den Tritonus Akkord, der in jedem Fall als Missklang registriert wird und entsprechende Gefühlsdissonanzen im Men-

158 Vgl. Hermann Schmitz: *System der Philosophie;* Bd. 1 ff., Bonn 1967 ff.

159 Vgl. Johann Wolfgang Goethe: *Zur Farbenlehre,* in: *Werke* (Hamburger Ausgabe), Bd. 13, Hamburg 1955, 5. Aufl. 1966, S. 314-536, bes. S. 424 ff. (Sinnlich-sittliche Wirkung der Farbe).

schen evoziert. Auch tiefe, dunkle, dumpfe Orgelmusik mit ihrem voluminösen Klang assoziiert dunkle Räume, unterirdische Gewölbe, Friedhofsstimmung und erinnert an Gothic-Romane.[160]

Dass Kunst eine Performation zum Bösen im Rezipienten bewirken kann, dokumentieren Gruselkabinette und Geisterbahnen mit entsprechend schauriger und gruseliger Musik. Sie sind voll künstlicher Horrorwesen: Teufelsgestalten mit Hörnern, Grimassen und Fratzen, Kulleraugen, wilden Mähnen, blechernen Harnischen, metallenen surrealen Kostümen, imaginativen Flugkörpern, abstrusen Waffen u.ä., kurzum, sie sind bestückt mit der gesamten schwarzen Magie außerhalb jeder Wirklichkeit. Wer sich ständig in solchen Räumen zwischen Monstern, Maschinenmenschen und Roboterwesen bewegt und schaurige Musik genießt, bleibt nicht untangiert. Wie der Genuss von Schönheit veredelt, so zieht die Faszination des Hässlichen ins moralisch Böse hinab. Die Wirkung ist hier dieselbe wie im realen Szenarium von Krieg, Schießerei, Zerstörung, Wirrnis u.ä., die wegen der Verwandtschaft mit dem Bösen aktiv Beteiligte zu realen Bösewicht macht, zumal der Menschen sowohl eine Veranlagung zum Guten und Positiven wie zum Negativen und Bösen hat.

Bei der Literatur und Malerei verhält es sich anders. Obschon die Wirkung von den Bewegungsintentionen her ruhiger verläuft, da zwischen Dargestelltem und Hörer oder Betrachter die Symbolik der Sprache und der Farben steht, ist ihre Wirkung zerstörerischer als in den anderen Fällen wegen des Sinnentzugs.

Die Literatur mag noch so ungeheure Bösewichter und Schurken hervorbringen wie Jago aus Shakespeares *Othello*, der in den Diensten des schwarzen Feldherrn Othello in Venedig aus Enttäuschung, Wut und Rache, dass ein anderer anstatt seiner zum Leutnant befördert wurde, sich an Othello rächt, indem er dessen Frau Desdemona in eine Intrige verwickelt und so Othello aus Eifersucht zum Mord an seiner Frau verführt. Die Wirkung ist stark eingeschränkt, weil, durch Worte und Bilder vermittelt, eine Distanz aufgebaut wird. Und ebenso wird sich niemand durch den Teufel aus Goethes *Faust* zum Bösen verführen lassen oder durch andere Bösewichter, die in den Ästhetiken des Bösen von Karl Heinz Bohrer[161] oder Peter-André Alt[162] aufgeführt werden.

Allerdings tendieren die jüngsten modernen Romane und Malereien, beginnend mit den Surrealisten und ihren subjektiven Traumwelten oder dem Dadaismus, in eine Richtung, die jede objektive Sinndeutung erschwert oder gar verweigert. Die Autonomie der modernen Kunst behauptet sich gerade

160 Vgl. Jörg Noller: *Theorien des Bösen zur Einführung*, a.a.O., S. 114.

161 Karl Heinz Bohrer: *Imaginationen des Bösen*. Für eine ästhetische Kategorie, München, Wien 2004.

162 Peter-André Alt: *Ästhetik des Bösen*, München 2010.

darin, dass sie auf jede allgemeinverständliche, objektive Auslegung verzichtet und damit in einen Abgrund der Sinnlosigkeit weist, in einen Abgrund, den man auch als Unheimliches oder als das große Geheimnis bezeichnen kann, weil der Mensch darin nicht mehr heimisch ist, weder rational noch emotional. Diese Kunst beginnt mit willkürlichen Satzkonstruktionen, die nicht mehr den Regeln der Grammatik einer Sprache entsprechen, sondern abgehackte Fetzen darstellen, oder in der Malerei mit nicht mehr identifizierbaren Formen und Gestalten, die gegebenenfalls ineinander übergehen. Es ist eine Welt des Chaos, in die der Rezipient versetzt wird und aus der er sich nur noch durch individualistische Selbstkonstruktionen retten kann, jedoch ohne dialogische Kommunikation mit anderen. Kunst wird hier zur absoluten Willkür. Der Rezipient muss sich seine Welt selbst basteln ohne jede Kotaktmöglichkeit mit anderen und versinkt im Chaos von Gut und Böse.

Allerdings tendieren die jüngsten modernen Romane und Malereien, beginnend mit den Surrealisten und ihren subjektiven Traumwelten oder dem Dadaismus, in eine Richtung, die jede objektive Sinndeutung erschwert oder gar verweigert. Die Autonomie der modernen Kunst behauptet sich gerade darin, dass sie auf jede allgemeinverständliche, objektive Auslegung verzichtet und damit in einen Abgrund der Sinnlosigkeit weist, in einen Abgrund, den man auch als Unheimliches bezeichnen kann, weil der Mensch darin nicht mehr heimisch ist, weder rational noch emotional. Diese Kunst beginnt mit willkürlichen Satzkonstruktionen, die nicht mehr den Regeln der Grammatik einer Sprache entsprechen, sondern abgehackte Fetzen darstellen, oder in der Malerei mit nicht mehr identifizierbaren Formen und Gestalten, die gegebenenfalls ineinander übergehen. Es ist eine Welt des Chaos, in die der Rezipient versetzt wird und aus der er sich nur noch durch individualistische Selbstkonstruktionen retten kann, jedoch ohne dialogische Kommunikation mit anderen. Kunst wird hier zur absoluten Willkür. Der Rezipient muss sich seine Welt selbst basteln ohne jede Kontaktmöglichkeit mit anderen und versinkt im Chaos von Gut und Böse.

Literatur

Abel, Carl: *Über den Gegensinn der Urworte*, Leipzig 1884.

Adelung, Johann Christoph: *Grammatisch-kritisches Wörterbuch der hochdeutschen Mundart*, mit beständiger Vergleichung der übrigen Mundarten, besonders aber der Oberdeutschen, Erster Theil, von A-E, Wien 1811.

Aggressions-Gene und Umweltfaktoren beeinflussen aggressives Verhalten, in: *Neurologen und Psychiater im Netz*. Das Informationsportal zur psychischen Gesundheit und Nervenkrankheiten, vom 28.4.2016, https://www.neurologen-und-psychiater-im-netz.org/neurologie/news-archiv/artikel/aggressions-gene-und-umweltfaktoren-beeinflussen-aggressives-verhalten/.

Albert, Hans: *Traktat über kritische Vernunft*, Tübingen 1968, 2., unveränderte Aufl. 1969

Alt, Karin: *Weltflucht und Weltbejahung*. Zur Frage des Dualismus bei Plutarch, Numenios, Plotin, Stuttgart 1993.

Alt, Peter-André: *Ästhetik des Bösen*, München 2010.

Altägyptisches Symbol – Horus-Auge. Das alte Ägypten, https://www.aegypten-geschichte-kultur.de/aegyptisches-symbol-horusauge.

Apel, Karl-Otto: *Das Problem einer philosophischen Theorie der Rationalitätstypen*, in: Herbert Schnädelbach (Hrsg.): *Rationalität*. Philosophische Beiträge, Frankfurt a. M. 1984, S. 15-31.

Arendt, Hannah: *Eichmann in Jerusalem*. Ein Bericht von der Banalität des Bösen, aus dem Amerikanischen von Brigitte Granzow, hrsg. von Thomas Meyer, mit einem Nachwort von Helmut König, München 1964, erweiterte Neuausgabe München 2022.

Arendt, Hannah: *Über das Böse*. Eine Vorlesung zu Fragen der Ethik, aus dem Nachlass hrsg. von Jerome Kohn, aus dem Englischen von Ursula Ludz, Nachwort von Franziska Augstein, München 2007, 14. Aufl. 2021.

Aristoteles: *Politik*, übersetzt und mit einer Einleitung sowie Anmerkungen hrsg. von Eckart Schütrumpf, Hamburg 2012.

Arnoldi, Sara Antonietta Luisa: *Manichäismus und Bibelexegese bei Augustinus: De Genesi contra Manichaeos*, Diss. München 20011.

Augustin: *Bekenntnisse* (*Confessiones*), eingeleitet und übertragen von Wilhelm Thimme, Zürich, Stuttgart 1950.

Bleuler, Eugen: *Die Ambivalenz*, in: *Festgabe zur Einweihung der Neubauten 18. April 1914*, Universität Zürich (III. Medizinische Fakultät), Zürich 1914, S. 93-106.

Bohrer, Karl Heinz: *Imaginationen des Bösen*. Für eine ästhetische Kategorie, München, Wien 2004.

Böser Blick, in: *Wikipedia*, https://de.wikipedia.org/wiki/Böser_Blick.

Cerny, Karin 26.11.2021, in: *Kunst Mag* 21.

Colpe, Carsten, und Schmidt-Biggemann, Wilhelm: *Das Böse*. Eine historische Phänomenologie des Unerklärlichen, Frankfurt a. M. 1993.

Dall'Orto, Giovanni: *Antonio Rocco and the Background of His ‚L'Alcibiade fanciullo a Scola' (1652)*, in: Matthias Duyves, Felix Barner (Hrsg.): *Among Men, Among Women*, sociological and historical recognition of homosocial arrangements, Gay studies and women's studies, University of Amsterdam Conference 1983, Amsterdam 1983, S. 224-232.

Darwin, Charles: *On the Origin of Species by means of natural selection, or the preservation of favoured races in the struggle for life*, 5. Aufl. London 1869.

Das Böse, in: *Wikipedia*, https://de.wikipedia.org/wiki/Das_Böse.

Das Horusauge: Mythen und Fakten über das kraftvolle Symbol, in: https://mystischerrabe.de/symbole/horusauge-mythen-fakten-kraftvolle-symbol/.

Dawkins, Richard: *Das egoistische Gen* (Titel der Originalausgabe: *The selfish Gene*, Oxford 1976), aus dem Englischen übersetzt von Karin de Sousa Ferreira, Berlin 1978.

Der böse Blick: Blickkontakt, in: *Der böse Blick.* Auge online, https://auge-online.de/wissenswertes/der-boese-blick.

Die nichtchristlichen Religionen, verfasst und hrsg. von Helmuth von Glasenapp, Frankfurt am Main 1959, wiederholte Aufl. 1959.

Digitales Wörterbuch der Deutschen Sprache, https://www.dwds.de/wb/böse.

Drewermann, Eugen: *Strukturen des Bösen*, Teil 1-3, München, Paderborn, Wien 1977-1978.

Ehrenstein, Walter: *Probleme des höheren Seelenlebens*, Basel 1965.

Engeln, Henning, und Witte, Sebastian: *Im Kopf der Täter*, in: *Geo Wissen*, Nr. 69 (2020), S. 34-40.

Freud, Sigmund: *Über den Gegensinn der Urworte*, in: *Jahrbuch für psychoanalytische und psychopathologische Forschungen*, Bd. 2 (1910) (*Gesammelte Werke*. Chronologisch geordnet, London 1943, Bd. 8, S. 214-221).

Fromm, Erich: *Anatomie der menschlichen Destruktivität* (Titel der Originalausgabe: *The Anatomy of Human Destructiveness*, New York, Chicago, San Francisco 1973), aus dem Amerikanischen übersetzt von Liselotte und Ernst Mickel, Stuttgart 1974.

Gebser, Jean: *Ursprung und Gegenwart*, 1. Teil, Schaffhausen 2. Aufl. 1999.

Gilgamesch, aus dem Babylonischen übersetzt und mit einem Nachwort versehen von Stefan M. Maul, München 2007.

Gloy, Karen: *Die Frage nach der Gerechtigkeit,* Paderborn 2017

Gloy, Karen: *Wahrheit und Lüge*, Würzburg 2019.

Gloy, Karen: *Das Projekt interkulturelle Philosophie aus interkultureller Sicht*, Würzburg 2022

Goethe, Johann Wolfgang: *Werke* (Hamburger Ausgabe), 14 Bde., Hamburg 1948 ff, wiederholte Aufl.

Grober-Glück, Gerda: *Der Verstorbene als Nachzehrer*, in: Matthias Zender (Hrsg.): *Atlas der deutschen Volkskunde*. Neue Folge, in Zusammenarbeit mit H.L. Cox, Gerda Grober-Glück und Günter Wiegelmann, Marburg 1966-82, Erläuterungen, Bd. 2, S. 427-456.

Harf, Rainer, und Witte, Sebastian: *Der Reiz des Bösen*, in: *Geo Wissen*, Nr. 69, S. 72-81.

Hartmann, Nicolai: *Die Philosophie des deutschen Idealismus*, 3., unveränderte Aufl. Berlin, New York 1974

Hauptmann, Gerhart: *Sämtliche Werke*, hrsg. von Hans Egon Hass, Bd. 2, Frankfurt a. M., Berlin 1965.

Hauschild, Thomas: *Der böse Blick*. Ideengeschichtliche und sozialpsychologische Untersuchungen, 2. überarbeitete Aufl. Berlin 1982.

Hausmanninger, Thomas: *Eine Einführung in die Grundbegriffe Moralität, Moral/Ethos, Sittlichkeit und Ethik*. Online Bibliothek: Ethikbegründung – Was ist Ethik?, https://www.uni-augsburg.de/de/fakultaet/kthf/lehrstuhle-professuren/sozialethik/quicklinks-online-bibliothek/ethikbegrundung/.

Hegel, Georg Wilhelm Friedrich: *Werke*. Vollständige Ausgabe durch einen Verein von Freunden des Verewigten, Bd. 11, Berlin 1832.

Hegel, Georg Wilhelm Friedrich: *Werke* in 20 Bden (Theorie-Werkausgabe). Auf der Grundlage der Werke von 1832-1845 neu edierte Ausgabe. Redaktion Eva Moldenhauer und Karl Markus Michel, Frankfurt a. M. 1970.

Hermanni, Friedrich, und Koslowski, Peter (Hrsg.): *Die Wirklichkeit des Bösen*. Systematisch-theologische und philosophische Annäherungen, München, Paderborn 1998.

Herodot: *Historien*, griechisch-deutsch, 2 Bde. hrsg. von Josef Feix, 7. Aufl. Berlin 2011.

Herskovits, Melville J.: *Ethnologischer Relativismus und Menschenrechte*, in: Dieter Birnbacher, Norbert Hoerster (Hrsg.): *Texte zur Ethik*, 12. Aufl. München 2003, S. 36-42.

Himstedt-Vaid, Petra: *Verrufen, verhexen und böser Blick*. Schadenszauber in norddeutschen Erzählungen, in: Susanne Hose Himstedt-Vaid, Holger Meyer, Siegfried Neumann (Hrsg.): *Von Mund zu Ohr*. Via Archiv in die Welt. Beiträge zu mündlichem, literarischem und medialem Erzählen. Festschrift für Christoph Schmitt (*Rostocker Beiträge zur Volkskunde und Kulturgeschichte*, Bd. 9), Münster, New York 2021.

Historisches Wörterbuch der Philosophie, hrsg. von Joachim Ritter, Bd. 1, Basel 1971.

Hofstadter, Douglas R.: *Gödel, Escher, Bach*: ein Endloses Geflochtenes Band (Titel der Originalausgabe: *Gödel, Escher, Bach*: an Eternal Golden Braid, New York 1979), aus dem Amerikanischen übersetzt von Philipp Wolff-Windeck und Hermann Feuersee unter Mitwirkung von Werner Alexi, 14. Aufl. Stuttgart 1995.

Humangenom – was in unserem Erbgut steht, in: *Spektrum Kompakt* 2021.

Kahl, Thede: *Der böse Blick*. Ein gemeinsames Element im Volksglauben von Christen und Muslimen, in: Thomas Wünsch (Hrsg.): *Religion und Magie in Ostmitteleuropa*. Spielräume theologischer Normierungsprozesse in Spätmittelalter und Früher Neuzeit (*Religions- und Kulturgeschichte in Ostmittel- und Südosteuropa*, Bd. 8), Berlin 2006, S. 231-335.

Kannibalismus, in: *Wikipedia*, (https://de.wikipedia.org/wiki/Kannibalismus).

Kant, Immanuel: *Werke*, hrsg. von der Königlich Preußischen Akademie der Wissenschaften, Berlin 1902 ff.

Kluge, Friedrich: *Etymologisches Wörterbuch der deutschen Sprache*, 18. Aufl., bearbeitet von Walther Mitska, Berlin 1960

Koslowski, Peter (Hrsg.): *Ursprung und Überwindung des Bösen und des Leidens in den Weltreligionen*, München, Paderborn 2001.

Koslowski, Peter: *Schöpfung als Selbstopfer*. Opfer als metaphysischer und sozialphilosophischer Zentralbegriff, in: *Archivio di filosofia*, Vol. 76, Nr.1/2, *Il Sacrificio* (2008), S. 99-116.

Krieg der Affen, in: *Der Spiegel*, Nr. 22 (1997), S. 191, online https://www.spiegel.de/wissenschaft/krieg-der-affen-a-e590ddf4-0002-0001-0000-000008720145.

Lebensrad, in: *Wikipedia*, https://de.wikipedia.org/wiki/Lebensrad.

LeBlanc, Steven A., with Register, Katherine E.: *Constant Battles*. Why We Fight, New York 2004.

Lessing, Gottfried Ephraim: *Hamburgische Dramaturgie*, in: Gesammelte Werke, Bd. 2, hrsg. von Wolfgang Stammler, München 1959, S. 327-775.

Lorenz, Konrad: *Das sogenannte Böse*. Zur Naturgeschichte der Aggression, Wien 1963, 6. Aufl. 1964.

Malinowski, Bronislaw: *Das Geschlechtsleben der Wilden in Nordwest-Melanesien* (Titel der Originalausgabe: *The Sexual Life of Savages in North-Western Melanesia*. An Ethnographic Account of Courtship, Marriage and Family Life among the Natives of the Trobriand Islands, British New Guinea, New York) aus dem Englischen von Eva Schumann, hrsg. von Fritz Kramer, 3., unveränderte Aufl. Frankfurt a. M. 2005

Masochismus, in: *Wikipedia*, https://de.wikipedia.org/wiki/Masochismus.

Messadié, Gerald: *Teufel, Satan Luzifer*. Universalgeschichte des Bösen (Titel der Originalausgabe *Histoire générale du Diable*, Paris 1993), aus dem Französischen von Michaela Meßner 2. Aufl., München 2002.

Mokros, Andreas: *Sexueller Sadismus*. Aktueller Wissensstand und die Kodierung gemäss DSM-5-TR und ICD-11, in: *Forensische Psychiatrie, Psychologie, Kriminologie*, Vol. 15 (2021), S. 39-46.

Neuweiler, Gerhard: *Kriege im Tierreich?*, in: *Formen des Krieges*. Von der Antike bis zur Gegenwart, hrsg. von Dietrich Beyrau, Michael Hochgeschwender, Dieter Langewiesche, Paderborn, München, Wien, Zürich 2007, S. 503-520.

Nietzsche, Friedrich: *Sämtliche Werke*. Kritische Studienausgabe in 15 Einzelbd., hrsg. von Giorgio Colli und Mazzino Montinari, Berlin, New York 1988.

Noller, Jörg: *Theorien des Bösen zur Einführung*, Hamburg 2017.

Pieper, Annemarie: *Gut und Böse*, München 1997, 2. Aufl. 2002.

Platon: *Opera*, recognovit brevique adnotatione critica instruxit Joannes Burnet, 5 Bde. Oxford 1900 ff, wiederholte Aufl.

Platon: *Sämtliche Werke*, in der Übersetzung von Friedrich Schleiermacher, hrsg. von Walter F. Otto, Ernesto Grassi, Gert Plamböck, 7 Bde, Reinbek b. Hamburg 1957 ff, wiederholte Aufl.

Pompey, Heinrich: Fragen zur Einstellung ‚moderner Menschen' zum Tod, in: Sonderdrucke aus der Albert-Ludwigs-Universität Freiburg. Originalbeitrag erschienen in: Erich Matouschek (Hrsg.): Arzt und Tod. Verantwortung, Freiheiten und Zwänge, Stuttgart 1989, S. 33-52.

Reynolds, Vernon: *The Social Life of a Colony of Rhesus Monkeys (Macaca mulatta)*, Ph.D. thesis, University of London 1961.

Ricœur, Paul: *Das Böse*. Eine Herausforderung für Philosophie und Theologie, mit einem Vorwort von Pierre Bühler (Titel der Originalausgabe: *Le Mal*. Un défi à la philosophie et à la théologie, 1986, 14. Aufl. 2004), aus dem Französischen von Laurent Karels, überarbeitet von Anna Stüssy, Zürich 2006.

Rilke, Rainer Maria: *Gesammelte Gedichte*, Frankfurt 1962.

Rosenkranz, Karl: *Die Ästhetik des Häßlichen*, Stuttgart 2007.

Rousseau, Jean-Jacques: *Abhandlung über den Ursprung und die Grundlagen der Ungleichheit unter den Menschen*. Aus dem Französischen übersetzt und hrsg. von Philipp Rippel, Stuttgart 2019.

Rousseau, Jean-Jacques: *Émile oder über die Erziehung* (Titel der Originalausgabe: *Émile ou De L'éducation*, Paris 1762), aus dem Französischen übersetzt von Hermann Denhardt, Köln 2010.

Russell, Claire, and Russell, William Moy Stratton: *Violence, Monkeys and Man*, London, Melbourne, Toronto 1968.

Russell, Claire, and Russell, William Moy Stratton: *Violence:* What Are Its Roots?, in: *New Society* (24. Okt. 1968), S. 595-600.

Sacher-Masoch, Leopold von: *Venus im Pelz*. Mit einer Studie über den Masochismus von Gilles Deleuze, Frankfurt a. M. 1980.

Samsara, in: *Wikipedia*, https://de.wikipedia.org/wiki/Samsara.

Schäfer, Christian: *Unde malum*. Die Frage nach dem Woher des Bösen bei Plotin, Augustin und Dionysius, Würzburg 2002.

Schäfer, Christian (Hrsg.): *Was ist das Böse?* Philosophische Texte von der Antike bis zur Gegenwart, Stuttgart 2014.

Schelling: *Werke*, hrsg. von Karl Friedrich August Schelling, 1. Abteilung, 10 Bde., Stuttgart, Augsburg 1856-1861.

Schelling, Friedrich: *Philosophie der Offenbarung 1841/42* (Paulus-Nachschrift), hrsg. und eingeleitet von Manfred Frank, Frankfurt a. M. 1993.

Schiller, Friedrich: *Sämtliche Werke,* auf der Grundlage der Originaldrucke hrsg. von Gerhard Fricke und Herbert G. Göpfert, München 1958 ff.

Schimpansen führen Krieg im Dschungel, in: *BZ*. Die Stimme Berlins, 22.6.2010, https://www.bz-berlin.de/archiv-artikel/schimpansen-fuehren-krieg-im-dschungel.

Schmitz, Hermann: *System der Philosophie,* Bd. 1 ff., Bonn 1967 ff.

Seligmann, Siegfried: *Die Zauberkraft des Auges und das Berufen*. Ein Kapitel aus der Geschichte des Aberglaubens, Den Haag 1980 (Reproduktion der Ausgabe Hamburg 1922).

Seligmann, Siegfried: *Der Böse Blick und Verwandtes*. Ein Beitrag zur Geschichte des Aberglaubens aller Zeiten und Völker, Hildesheim 1985.

Snell, Bruno: *Die Entdeckung des Geistes*. Studien zur Entstehung des europäischen Denkens bei den Griechen, Göttingen 8. Aufl. 2000.

Strasser, Peter: *Die Sprengkraft des Humanismus*. Ein Beitrag zur ‚Politik der Seele', Baden-Baden 2020.

Terebessy, Karl: *Zum Problem der Ambivalenz in der Sprachentwicklung*, Trnava 1944.

Torreblanca, Francisco: *Daemonologia,* Mainz 1623.

Waal, Frans de: *Primaten und Philosophen*. Wie die Evolution die Moral hervorbrachte (Titel der Originalausgabe: *Primates and Philosophers*. How Morality Evolved, Princeton, Princeton University Press, N.J., 2006), aus dem Englischen von Hartmut Schickert, Birgit Brandau und Klaus Fritz, München 2011.

Weizsäcker, Viktor von: *Anonyma,* Bern 1946

Wiertz, Svenja: *Freundschaft*, Berlin, Boston 2020.

Wilson, Edward O.: *Sociobiology*. The New Synthesis, Cambridge (Mass.), London 1975.

Wilson, Edward O.: *For Sociobiology,* in: Arthur L. Caplan (Hrsg.): *The Sociobiology Debate*. Readings on Ethical and Scientific Issues, New York, Hagerstown, San Francisco, London 1978, S. *265-268*.

Wolf, Jean-Claude: Das Böse, Berlin 2011.

Wrangham, Richard, Peterson, Dale: *Bruder Affe*. Menschenaffen und die Ursprünge menschlicher Gewalt (Titel der Originalausgabe: *Demonic Males – Apes and the Origin of Human Violence,* London), aus dem Englischen von Götz Ferdinand Kreibl, München 2001.

Wuketits, Franz M.: *Gene, Kultur und Moral*. Soziologie – Pro und Contra, Darmstadt 1990.

Xenophon: *Kyrupädie / Die Erziehung des Kyros*, griechisch-deutsch hrsg. und übersetzt von Rainer Nickel, München, Zürich 1992.

Young British Artists Jake und Dinos Chapman, in: *Wie hässlich darf ein Kunstwerk sein*?

Index

Personen

Sachen